組織の未来はエンゲージメントで決まる

株式会社アトラエ 代表取締役
新居佳英
グロービス経営大学院講師
松林博文

英治出版

はじめに

ここ数年、さまざまな組織の経営リーダーの方々から、組織づくりや人材活用に関する相談をいただくことが増えています。

多くは「どうすれば優秀な人材を定着させられるのか」「どうすれば社員が意欲的に仕事に取り組むのか」といった主旨の相談です。

背景には、少子高齢化によって若手優秀層の採用競争が激しくなっていることや、人材の流動化が加速していること、さらには知識産業社会の到来による競争環境の変化、ミレニアル世代と呼ばれる若者たちの価値観に従来の組織が合わなくなっていることなどがあるのだと思います。

そして、人材と組織にかかわるそのような重要な相談を私にしてこられる経営リーダーの方々は、私が経営するアトラエという会社の独特のあり方に着目されているようです。

アトラエでは、２００３年の創業以来、社員の幸せを軸とした極めてユニークな組織運営をすることで、社員が強い当事者意識を持って、いきいきと能動的かつ自律的に仕事に取り組むカルチャーをつくり上げています。その結果として業績も生産性も順調に伸び、現在は東証一部に上場させていただいています。

私には、前職時代を含め18年に渡る経営リーダーとしての経験の中で培ってきた持論があります。

それは、会社とは、そこに関わる人たちが幸せになるための仕組みだということです。関わる人たちの中でも、「時間」という限られた貴重な資源を投資して働く社員の存在は極めて重要です。その社員が幸せになれないような会社は、そもそも存在する意味がありません。逆に、社員が当事者意識を持っていきいきと、能動的かつ自律的に仕事に取り組む組織こそ、社会に存在する価値があり、変化に柔軟に対応する力を持ち、持続的な競争力を持ち得ると思っています。

この考えは、変化が激しく未来の予測が困難な知識産業社会において、より確固たるものになりつつあります。

知識産業においては、知恵や創造性こそが唯一最大の競争力です。これらは制度やマニュアルで生み出せるものではなく、個々の社員が意欲を持ち、能動的に仕事に向き合うことで発揮されるものです。

重厚長大産業が中心で、マニュアル通り迅速に実行することが求められた時代においては、マネジメントはミスが出ないよう「管理」するという意味合いを強く持っていました。しかし、これからの時代のマネジメントは、社員が意欲を持ち、知恵や創造性をいかんなく発揮するための「環境づくり」や「サポート」へと変わっていかなくてはなりません。

日本の経済は「失われた20年」と言われる長期的な低迷に陥っており、同期間の先進国のGDP成長率としては最低水準で推移しています。これは多くの政治家や官僚、経営リーダーなど日本のマネジメントレイヤーの人たちが、過去の成功体験にしがみつき、若い世代の価値観の変化や、ITによる産業構造や競争環境の移り変わりに十分に対応できなかったことと決して無関係ではないでしょう。

最近ようやく、そんな状況を打破すべく、政府主導で「働き方改革」の取り組みが始まりました。中心は、ホワイトカラーの生産性向上を目的とした長時間労働の是正です。しかし、私はこれには違和感を持っています。サービス残業などの不要な長時間労働を是正することは必要でしょう。しかしながら、ただ労働時間を減らすだけで生産性が高まるものではありません。一方で現在の「働き方改革」には、より本質的に大切な要素が抜け落ちています。そのために日本経済をさらなる低迷に陥れてしまうリスクさえあります。

その要素こそが、欧米の組織を中心に、重要な経営指標の一つとして注目を集めている「エンゲージメント」という概念です。

これは「組織や職務との関係性に基づく自主的貢献意欲」と定義されます。そして残念ながら、日本企業では一般的に、エンゲージメントが非常に低いという調査結果が出ています。

エンゲージメントが低い状態では、組織のパフォーマンスや生産性が高まるはずもなく、ましてや昨今の知識産業において重要な創造性や革新性などが発揮される可能性は極めて低くなります。このことはすでに複数の調査機関や研究機関によって明らかにされています。労働時間の抑制は本質的な解決にはならないのです。むしろ、一部のエンゲージメントの高いビジネスリーダー層にまで長時間労働是正を押し付けたり、さらには70年も昔に制定された労基法の枠にはめたりすることは、生産性の向上どころか、日本経済をさらに低迷させるリスクさえあるように思えてなりません。

逆に言えば、働く人たちのエンゲージメントを高めることができれば、日本経済を復活させることができるはずです。エンゲージメントの高さと生産性や収益性の間には、正の相関があることがわかっているからです。

元来、日本人は組織やチームでパフォーマンスを発揮することに長けています。高度経済成長期には全社員が一丸となってビジネスに取り組み、世界に類を見ないパフォーマンスを実現し、アジアの小さな島国を世界第二位の経済大国にまで押し上げました。現代においても、さまざまなスポーツにおける日本の代表チームが、チームプレーによってすばらしい成果を上げるシーンをしばしば目にします。エンゲージメントの高い組織やチームは、個人の力の総和以上の力を発揮することができるのです。

みなさんにエンゲージメントの概念とその重要性をご理解いただき、エンゲージメントの高い組織づくりの道筋を見出していただくこと。それがこの本の目的です。

これからの経営者やマネジメントレイヤーの方々は、働く人たちのエンゲージメントを高い状態に保つことを自分の仕事と認識し、組織運営に取り組まなければなりません。

そのためには、エンゲージメントの状態を可視化し、定点観測することが必要です。そこで私たちアトラエは、２０１７年５月にエンゲージメントを測定するサービス「ｗｅｖｏｘ」をリリースしました。すでに４００社を超える多くの組織が利用し、組織づくりに役立ててくださっています。その中で私自身、これからの組織戦略におけるエンゲージメントの重要性と有効性にますます確信を持ちつつあります。本書内でも複数の企業の具体的な取り組み事例に触れることで、読者の方々にもその感覚をお伝えしたいと思います。

本書の執筆にあたっては、グロービスマネジメントスクールなどで長きに渡り講師を務められ、組織論やエンゲージメント理論にも深い見識をお持ちの松林博文さんと共著者としてご一緒させていただいたことで、私の実践に基づく感覚的な考え方に松林さんの体系だった知見が加わり、より深みのある内容になったのではないかと思います。また私にとって初めての出版ということもあり、松林さんはもとより、英治出版の高野達成さんにも並々ならぬお力添えをいただきました。この場を借りて御礼申し上げます。

本書を通じて、日本を牽引する経営リーダーの方々はもちろんのこと、一人でも多くのマネジメントレイヤーの人たちに、エンゲージメントという概念を理解し、関心を持っていただきたいと思います。それによって多くの日本企業が再び世界の舞台で活躍し、日本経済が長い低迷から抜け出すこと、さらには人々がいきいきと働き、幸せな人生を送れるような社会が再び実現することに、微力ながらも寄与できれば幸いです。

株式会社アトラエ 代表取締役　新居 佳英

目次

第1章 エンゲージメントとは何か

第2章 なぜエンゲージメントが重要なのか

第3章 日本はエンゲージメント後進国？

第4章
エンゲージメントを高める9つのキードライバー

第5章
実践！ エンゲージメント経営

第6章 エンゲージメントで組織はこう育つ――アトラエでの取り組み

第7章

これからの組織とエンゲージメント

序章

チームや組織にとって、いちばん大切なもの

やる気のない社員が7割！日本企業の驚くべき現実

日本企業では「やる気のない社員」が全体の7割を占めている。

そう聞くと、あなたはどう思うでしょうか。これは実際に、世界的な調査会社ギャラップによる調査で示された値です。２０１７年5月に発表されたその調査結果を、日本経済新聞は以下のように報じています。

世論調査や人材コンサルティングを手掛ける米ギャラップが世界各国の企業を対象に実施した従業員のエンゲージメント（仕事への熱意度）調査によると、日本は「熱意あふれる社員」の割合が6％しかないことが分かった。米国の32％と比べて大幅に低く、調査した１３９カ国中１３２位と最下位クラスだった。

企業内に諸問題を生む「周囲に不満をまき散らしている無気力な社員」の割合は

24％、「やる気のない社員」は70％に達した。[1]

日本人は一般に「勤勉」な国民性とされ、日本企業の社員はかつて「会社人間」とも言われがちでしたが、現在は会社員の大半が「やる気のない」状態にあるというのです。しかも世界最下位クラスです。信じられないという方もいるかもしれません。実際、このニュースは大きな話題となりましたが、どれだけ真に受けるべきか疑問を示す人もいたようです。「日本人は、このようなアンケートでは控えめな、ネガティブな回答をしがちだ」という見方もあります。とはいえ、そうした傾向があると考えてもなお、この結果は深刻と言わざるをえないでしょう。

同様の結果を示すのはギャラップの調査だけではありません。エーオン・ヒューイット社が170ヶ国の約9000社を対象に行っている従業員エンゲージメント調査では、世界の平均値が63％であるのに対し、日本は40％以下と他国に比べて著しく低い値を示しています。[2]

また、会社と上司に対する信頼度についても、日本は他の先進国に比べて低いという調査結果も出ています。[3] かつては年功序列が当たり前で、今でも上下関係を重んじる傾向がありそうな日本企業ですが、こうした調査結果を見ると、実際には上に対する信頼が欠けているのではないかと思えてきます。

■人材流出、採用難、定着難……このままでは会社が足元から崩壊する

ここ数年、日本の大手企業で人材流出が問題になっています。総合商社やメガバンクなど、就職先人気ランキングで上位に入るような有名企業からも続々と人が辞めているのです。その中心は若手・中堅層であり、しばしば「優秀な若手ほど早く辞めてしまう」といった声を聞くこともあります。

デロイトトーマツグループの調査によると「ミレニアル世代」と呼ばれる若手・中堅層で、日本では2年以内の短期離職を考える割合が37％まで高まっていることが分かった。前年調査に比べ7ポイント上昇し、世界（43％）との差は縮まりつつある。(4)

こうした傾向が見られることに加えて、人手不足・採用難が企業を襲っています。リクルートの「大卒求人倍率調査」によれば、２０１９年3月卒業予定の大学生・大学院生対

象の大卒求人倍率は１・８８倍、就職氷河期と言われた２０００年３月卒の０・９９からほぼ倍増しており、とりわけ従業員３００人未満の中小企業では９・９１倍と過去最高の数値となっています。

「人手不足倒産」も増えています。帝国データバンクによれば、従業員の離職や採用難等により人手を確保できず、収益が悪化したことなどを要因とする倒産は２０１３〜17年度までの５年間で２・５倍に増加しているそうです[5]。

そしてもちろん、少子高齢化も進んでいます。日本の生産年齢人口（15〜64歳）は２０１５年の７５９２万人から２０４０年には５７８７万人に減ることが予想されています[6]。

企業にとって、人材の確保・維持がかつてないレベルで大きな課題になっていると言えるでしょう。そんな状況であるにもかかわらず、日本企業の全体的傾向としては、意欲あふれる社員はわずかで、やる気のない社員が多く、しかも若手が続々と辞めてしまうという状況が生じているのです。

みんなが新しい組織のあり方、新しい働き方を求めている

人材流出が深刻化している一方で、最近、新しい働き方や組織のかたちが盛んに議論されるようになっています。

数年前に靴の通販会社ザッポスが導入していることで話題になったのは、従来の中央集権型・階層型のヒエラルキー組織と対照的な、階層のないフラットな組織「ホラクラシー」です。役職がなく、上下関係がなく、全従業員が対等な立場で役割を分担するというものです。２０１８年には、ホラクラシーの要素も持つ「自主経営」「存在目的」「全体性」を軸にした組織モデルを提唱した書籍『ティール組織』[7]がベストセラーになりました。

個人の働き方についても、ワーク・ライフ・バランスが叫ばれたり、「ノマド」やフリーランスが持て囃されたりと、個人の幸せを尊重する働き方や、組織の枠に縛られない働き方が注目されてきました。それは従来の企業組織のあり方が、必ずしも個人にとって

ハッピーなものではなかったことの裏返しなのかもしれません。2015年には電通の若手社員が過労を苦にして自殺するという痛ましい事件があり、同社の労働環境が問題視されました。多くの職場に蔓延する長時間労働を是正すべしという声が高まり、安倍政権の「働き方改革」の議論では長時間労働の是正が大きな論点となりました。

このように近年、日本人の「働き方」や日本企業の「組織のあり方」「個人と組織の関わり方」は、このままでいいのか、大きく変わるべきではないのかと、問い直されるようになっています。

現代の子どもには「なりたい職業」にユーチューバーを挙げる子が多くいるそうです。懸念を示す大人がたくさんいますが、それだけ子どもの目には働く大人たちが幸せそうに見えないのかもしれません。大人が楽しく幸せに働くことができなければ、その姿を見る子どもたちも、仕事や組織について、ポジティブなイメージを持てないまま育ってしまうでしょう。

■生産性の向上という課題もある

とはいえ、ただ「働きやすい職場」を求めるだけでは、今の日本企業の置かれた状況を打開することはできません。日本企業は「生産性の低さ」という問題も抱えているからです。日本の1人当たりGDPは先進7ヶ国の中で最下位です。

2016年の日本の1人当たり労働生産性（就業者1人当たり付加価値）は、8万1777ドル（834万円）。英国（8万8427ドル）やカナダ（8万8359ドル）をやや下回るものの、ニュージーランド（7万4327ドル）を上回る水準で、順位でみるとOECD加盟35カ国中21位となっている。(8)

労働時間を減らしたりワーク・ライフ・バランスを充実させたりしても、経済的に貧しくなっていくのでは本末転倒です。

日本企業は今、社員の意欲が低く、人が離れていく上に、生産性も不十分という、複合的な病気に冒されているのです。

すべてのカギは「エンゲージメント」

あなたは、いま働いている会社を就職先として友人におすすめすることができますか？できるなら、すばらしいことです。できない、あるいは迷ってしまうなら、組織のあり方、組織との関わり方を見つめなおす必要がありそうです。

いま求められているのは、人が楽しくいきいきと働き、力を発揮することができる、そして成果を上げることができる組織をつくることです。これらが好循環で回っていくような組織は、どうすればつくれるのでしょうか。

そのカギが「エンゲージメント」です。エンゲージメントとは、「組織や職務との関係性に基づく自主的貢献意欲」を意味します。先ほど見た記事では「仕事への熱意度」と表現されていました。

定義や詳しい意味合いについては後述しますが、このエンゲージメントが、人と組織のパフォーマンスを高め、さまざまな課題を克服する、きわめて重要な要因であることがわかってきています。エンゲージメントの重要性を示す例をいくつか挙げてみましょう。

・エンゲージメントが高い組織は、収益性が高い。
・エンゲージメントが高い組織は、生産性が高い。
・エンゲージメントが高い組織は、離職率が低い。
・エンゲージメントが高い組織は、質の高いサービスを提供できる。
・エンゲージメントが高い組織は、製品の欠陥が少ない。
・エンゲージメントが高い組織は、社員の欠勤が少ない。
・エンゲージメントが高い組織は、イノベーションにも強い。
・アップル、スターバックス、ナイキなど優良企業が経営上重視している。
・どんな業種・業態でも、エンゲージメントは組織の成果に影響する。
・日本でもＩＴ企業などを中心に経営指標としての採用が加速している。

このようにエンゲージメントは、いま多くの企業が直面している「人と組織の課題」を解決する決定的な鍵として、世界的に注目され、経営に取り入れられつつあるのです。

■エンゲージメントの秘密が見えてきた

著者の２人はそれぞれの仕事の中で、人と組織に関する課題に取り組んできました。新居はＨＲ（Human Resource：人材）分野でインターネットサービスを展開する株式会社アトラエの代表です。人と組織の課題をテクノロジーで解決する「ＨＲテック」が近年注目されていますが、アトラエの事業もその一例です（より正確には、テクノロジーによって人の可能性を広げたり、人をエンパワーメントしたりする事業を展開しており、私たちは「ピープルテック」と呼んでいます）。エンゲージメントを診断・定量化するサービスを日本で初めて開発し、組織改善プラットフォーム「ｗｅｖｏｘ」として提供、多くの企業にご利用いただいています。

また、「アスリートのチームのように、全員が本気でチームの夢を追いかけられる、そんな理想の組織を創ってみたい」という思いで創業したアトラエの社内においても、肩書きの廃止、３６０度評価、子連れ出社ＯＫ、従業員全員が株主になる制度などを導入し、社員のエンゲージメントを高める経営に、どこよりも早く、積極的に取り組んできました。働きやすい組織づくりに努めてきた結果として、業績や生産性も着実に伸び、２０１６年に東証マザーズに上場、2018年には東証一部に指定替えとなっています。

松林は日本を代表するビジネススクールであるグロービス経営大学院の講師として、経営戦略、マーケティング、クリエイティビティと組織マネジメント、サービスマネジメントなどを教えてきました。近年はエンゲージメント向上により企業のイノベーション力、マーケティング力を高める活動に力を入れています。働く人たちがより自分らしくハッピーになれる組織づくりのコンサルティングも行っています。

人と組織の課題にビジネスを通して、また自ら経営者として取り組んできた新居と、研究者・教育者として向き合ってきた松林。2人はいずれも、日本企業の状況を深刻な危機ととらえており、状況打開の鍵としてエンゲージメントに注目しています。

実際にアトラエでは、エンゲージメントを重視した経営によって、着実に成果を上げてきました。そしてエンゲージメント診断サービスを多くの企業にご利用いただくなかで、エンゲージメントはどのような要因で変動するのかも見えてきました。「ｗｅｖｏｘ」では、エンゲージメントを左右する9つの要因（ドライバー）を特定しています。

・**職務**……職務に対して満足度を感じているか
・**自己成長**……仕事を通して、自分が成長できていると感じているか

・**健康**……従業員が仕事の中で、過度なストレスや疲労を感じていないか
・**支援**……上司や仕事仲間から、職務上又は自己成長の支援を受けているのか
・**人間関係**……上司や仕事仲間と良好な関係を築けているのか
・**承認**……周りの従業員から認められていると感じているか
・**理念戦略**……企業の理念・戦略・事業内容に対して納得・共感しているか
・**組織風土**……企業の組織風土が従業員にとって良い状態なのか
・**環境**……給与、福利厚生、職場環境といった従業員を取り巻く会社環境に満足しているのか

それぞれについて、より細かい要素や、診断する際のチェックポイントを含めて後に詳しく解説しますが、さまざまな企業の状況を見、自社でも取り組みの効果検証を行ってきたことで、組織におけるどんな行動や制度、慣行がエンゲージメントを高めるのかについて、確信をもって語れるようになりました。

それを本書でみなさんにお伝えしたいと思います。

こんな人に読んでほしい

この本は、組織やチームの運営に関わるあらゆる層の人に向けて書いています。エンゲージメントは「人事の課題」というレベルを超えた、紛れもない「経営課題」ですから、リーダーの方々にぜひ読んでいただきたいと考えています。また、分野や業種業界を問わず、あらゆる組織やチームのリーダーが対象です。会社で経営・マネジメントに従事する方はもちろん、官公庁でも、ＮＰＯでも、病院でも、スポーツや音楽の世界でも、チームや組織の運営にかかわるすべての人に、エンゲージメントについて知っていただき、ご自身の活動に役立てていただきたいと考えています。

後に詳しく触れますが、人と組織がなんらかの変化に直面する際に、エンゲージメントの度合がきわめて大きな違いをもたらすと考えられます。マネジャーがリーダーへと変容するとき、組織が新たな事業を始めるとき、環境の変化に適応しようとするとき、個人が働き方を大きく転換するときなど、変化の渦中で人を支えるのが「つながり」「関わり合い」であり、エンゲージメントなのです。

さまざまな環境変化にさらされ、常に変わり続けることが求められる今日の組織・チームで働く多くの人に、本書をお読みいただき、エンゲージメントを高めるヒントを得ていただけたらと思います。

■この本の構成

本書は、エンゲージメント重視の経営に自らも取り組み、日本初の診断サービスを提供している実践者としての新居と、ビジネススクールで組織マネジメントをテーマとしてきた研究者としての松林が、双方の知見を持ち寄って書いたものです。実践的視点と理論的視点に加えて、アトラエのサービス「wevox」を通じて得られる多くの会社の事例やデータを踏まえ、バランスのよい記述を心掛けました。

本書の構成は以下のようになっています。

第1章「エンゲージメントとは何か」では、そもそもエンゲージメントとは何か、モチベーションやロイヤルティなどの概念とどのように違うのかを説明します。

第2章「なぜエンゲージメントが重要なのか」では、エンゲージメントの度合が組織にとって何を意味するか、エンゲージメントの向上が何をもたらすのかを解説します。成長企業の多くがエンゲージメントに注目している理由も示します。

第3章「日本はエンゲージメント後進国?」では、冒頭で触れた日本企業における危機的な現状を踏まえ、その原因や問題点を明らかにします。

第4章「エンゲージメントを高める9つのキードライバー」では、エンゲージメントを見える化し、高める方法を見ていきます。エンゲージメントに影響する9つの要素(キードライバー)を挙げ、それぞれについて解説します。

第5章「実践!エンゲージメント経営」では、エンゲージメントを高める施策を実践している企業の事例を紹介します。業種も組織規模もさまざまな企業を取り上げ、読者それぞれの職場で応用可能な、具体的な行動・施策のヒントをお伝えします。

第6章「エンゲージメントで組織はこう育つ」では、創業以来エンゲージメントを重視した経営で成果を上げているアトラエでの取り組みを紹介します。

第7章「これからの組織とエンゲージメント」では、エンゲージメントという観点から見えてくる、今後の組織のかたちやリーダーシップ、マネジメントのあり方について語りたいと思います。

NOTE

（１）『日本経済新聞』２０１７年５月26日

（２）Aon Hewitt, 2017 Trends in Global Employee Engagement

（３）2016 Edelman Trust Barometer

（４）『日本経済新聞』２０１８年５月18日

（５）帝国データバンク『「人手不足倒産」の動向調査（２０１７年度）』

（６）総務省「平成27年国勢調査」、国立社会保障・人口問題研究所「日本の将来推計人口（平成24年１月推計）」

（７）フレデリック・ラルー『ティール組織――マネジメントの常識を覆す次世代型組織の出現』（鈴木立哉訳、英治出版、２０１８年）

（８）日本生産性本部「労働生産性の国際比較」（https://www.jpc-net.jp/intl_comparison/）

第 1 章
エンゲージメントとは何か

スターバックスの従業員はなぜいきいきしているのか

この章では、そもそも「エンゲージメント」とは何なのか、定義や他の類似概念との違いを交えながらご説明します。

エンゲージメントとは何でしょうか?

それを理解していただくには、まずエンゲージメントの高い組織の例を思い浮かべていただくのが近道かもしれません。

エンゲージメントの高い組織の例としてよく挙げられるのが、スターバックスです。行ったことのある人なら誰でも、スターバックスの店員の愛想の良さや、丁寧かつフレンドリーな接客態度、気遣い、明るくいきいきとした働きぶりに、良い印象を抱いたことがあるのではないでしょうか。ドリンクカップに手書きのメッセージを添えるといった、きめ細やかなサービスも知られています。

スターバックスの店員は、なぜあれほどいきいきしているのでしょうか。考えてみれば、カフェの業務には（しばしば退屈と思われがちな）ルーティンワークも多いでしょうし、店員の多くはアルバイトで、特に高額の給与をもらっているわけではないでしょう。また立ち仕事がほとんどで、身体的にも楽ではないはずです。にもかかわらず、いつも明るく楽しそうに働けるのは、なぜでしょうか。

その答えが、高いエンゲージメントです。

たとえば、スターバックスには、人々にとって家や会社に次ぐ3つ目の居心地の良い場所「サード・プレイス」をつくるというビジョンがあります。また「カスタマーサービスビジョン」として、「私たちは一人ひとりのお客様の日常に心豊かで活力をもたらす瞬間を創り出します」というビジョンを掲げています。わかりやすく、心に響くビジョンは、スタッフが自分の仕事の意味を理解し、意義を感じ、プライドを持って仕事をすることを助けます。

また、スターバックスでは一緒に働くメンバーを「パートナー」と呼び、「お互いに心から認め合い、誰もが自分の居場所と感じられるような文化をつくります」という行動指針を掲げています。誰もが自分の居場所と感じられる、そんな帰属意識は、良好なチームワークや主体的な行動、お店のためにできるだけのことをしようという自発的な貢献意欲につながると考えられます。

他にもさまざまな要因がありそうですが、このように、働く人たち自身が、仕事の意味をよく理解し、組織に愛着を持ち、そのビジョンのために自発的に貢献しようとする状態を、「エンゲージメントが高い状態」と言うことができます。

ちなみに、スターバックスは採用に困ることがないと言われています。スターバックスで働きたい人が大勢いるだけでなく、かつて働いていた人が戻ってくることも多々あるそうです。急に人手が足りなくなった店舗に、元スタッフが戻ってきて手伝うといったことが何度も起きているそうです。スターバックスの従業員のエンゲージメントの高さを象徴する話と言えるでしょう。

もうひとつ、エンゲージメントの高い組織の例として有名なのがディズニーです。ディズニーの「キャスト」と呼ばれるスタッフたちもまた、行き届いたサービスで来場者を感動させることで定評があります。

エンゲージメントが高いというのがどういうことか、イメージがわいてきたでしょうか。

エンゲージメントの定義

ここでエンゲージメントの定義を見ておきましょう。次の定義はコンサルティング会社ウイルス・タワーズワトソンによるものです。

従業員の一人ひとりが企業の掲げる戦略・目標を適切に理解し、自発的に自分の力を発揮する貢献意欲

先ほどのスターバックスの店員のイメージとぴったり重なるのではないでしょうか。本書でも基本的にこのような意味合いで「エンゲージメント」という言葉を使います。

ところで、エンゲージメントという単語については、別の意味を思い浮かべた人もいるかもしれません。少し他の訳語を見てみましょう。Engagementの訳語には、約束、合意、契約、婚約、雇用、交戦、接触（かみ合い）などがあります。よく見られる用例としては、make an engagement（約束する）、engagement ring（婚約指輪）、have a previous engagement（先約がある）、meet my engagements（債務を果たす）、military engagement（武力衝突）、engagement of the gear（ギヤのかみ合い）などがあります。こうしてみると、Engagement は単体の存在について用いる言葉ではなく、複数の存在があってはじめて成り立つ言葉であることがわかります。つまり、「関わり合い」「関係性」が中核にある概念なのです。

「従業員の一人ひとりが企業の掲げる戦略・目標を適切に理解し、自発的に自分の力を発揮する貢献意欲」という定義にも、関係性が含意されています。個々人が組織の戦略・目標を理解しているという関係性、自発的に組織に貢献するという関係性です。組織が戦略や目標を掲げるだけ、個人が力を発揮するだけ、ではエンゲージメントは成り立ちません。

ちなみに近年、コーチングの世界で、個人に対するコーチングではなく、人と人の関係性に対するコーチングが注目されています。「チームコーチング」や「システムコーチング」と呼ばれ、関わり合いに目を向け、対話を通して気づきや学習を促していきます。こうした手法が広がる背景には、個に働きかけてパフォーマンスを高めるには限界があり、よりよい結果を生み出すには関係性が重要だという一般的な理解があるのではないかと思います。

■従業員エンゲージメントとワークエンゲージメント

厳密にいえば、エンゲージメントには、「従業員エンゲージメント」と「ワークエンゲージメント」があります。両者をひとくくりに「エンゲージメント」と表現していることが多く、概ねそれで問題はないのですが、文脈によっては違いを意識しておいたほうがよいことがありますので、少し解説しておきましょう。

・**従業員エンゲージメント**（エンプロイーエンゲージメント）……企業・組織と個々の社員の間の関わり合い。組織に対する自発的な貢献意欲。

・**ワークエンゲージメント**……「仕事の内容」と個々の社員の関わり合い。主体的に仕事に取り組んでいる心理状態を表したもの。

たとえば、ワークエンゲージメントが高くて仕事には没頭しているものの、従業員エンゲージメントは低い、ということもありえます。「プログラミングの仕事は大好きだけど、この会社は嫌だ」というような場合です。逆に、従業員エンゲージメントは高いがワークエンゲージメントは低い、つまり「会社には愛着があるものの目の前の仕事には身が入らない」といったこともありえます。

本書では特に区別する必要がないかぎり、両方を総称してエンゲージメントと呼びます。

従業員満足度、モチベーション、ロイヤルティとの違い

エンゲージメントという言葉が日本で使われるようになったのはごく最近のことです。過去に似たような文脈で使われてきた言葉として、従業員満足度、モチベーション、ロイヤルティがあります。似た面もありますが本質的な違いもありますので、ここで整理しておきたいと思います。

■従業員満足度との違い

従業員満足度は「従業員がどれだけ会社や職場に満足しているか」を定量化したものです。主に給与、福利厚生、職場環境、人間関係について振り返って評価します。意味のある指標ではありますが、個々の社員が「満足している」状態と、「主体的・自発的に仕事

に取り組む」状態は必ずしもイコールではありません。従業員満足度が上がったとしても、企業の収益や個人の生産性が高まるわけではないのです。むしろ、得てして従業員満足度を高めるための施策はコストの増加につながり、業績を圧迫する要因になります。

一方、エンゲージメントは、熱意や活力など、個人の意欲が組織や仕事にどれだけ向かっているかを測定したものです。自己の成長につながっているか、やりがいはあるか、承認を得られているか、方針に納得できているかなど、組織と仕事に対する個人の感覚や状態を評価します。これは従業員満足度とは異なり、仕事上のパフォーマンスに大きな影響をもたらします。

■モチベーションとの違い

モチベーションは、ものごとに取り組む意欲を引き出す「動機づけ」を意味します。昔からある概念ですが、日本のビジネス界では１９９０年代からよく使われるようになったようです。モチベーションには行動を引き起こす「動因（ドライブ）」と外部から誘発される「誘因（インセンティブ）」が関係するとされています。成果報酬というインセンティブによってモチベーションを引き出す試みが、一時期多くの日本企業で取り入れられました。モチベーションは仕事のパフォーマンスにも影響を及ぼすと期待されがちです。しかし、本当にそうでしょうか。

モチベーションの高さとエンゲージメントの高さはしばしば相関しますが、モチベーションが個々人の「動機づけ」であるのに対し、エンゲージメントはその語源からもわかるように個々人と仕事・組織の「関係性」を表します。この違いは重要です。モチベーションが高くても、個々人がばらばらな方向を向き、協働することができなければ、組織としての生産性は高まらないでしょう。つまり、モチベーションは個人としての主体的行動を促すことはできても、それが組織としての成果につながるとは限らないのです。

組織で働く人にとって本質的に大切なのは、エンゲージメントだと言えるでしょう。

■ロイヤルティとの違い

ロイヤルティ（Loyalty）は、忠誠、忠義、忠実、誠実、などの意味を持つ言葉です。もともとは国家や主君への忠誠心を表す言葉でした。ビジネスにおいては、従業員の自社に対する帰属意識、愛社精神、忠誠心などを指します。関係性に基づく概念である点ではエンゲージメントと似ていますが、ロイヤルティという言葉には主従関係、上下関係が前提として含意されています。企業や経営者が上に立って従業員を従える、という前近代的なニュアンスがあります。一方、エンゲージメントの概念にはそのようなニュアンスはなく、組織と個人はあくまで対等な存在として関係をつくることが前提とされています。

このように類似概念との違いを見ることで、エンゲージメントの意味合いがよりよく理解できたのではないかと思います。まとめると以下のように整理できます。

・**従業員満足度**……職場環境や給与、福利厚生などへの満足度＝組織が与えるもの
・**モチベーション**……行動を起こすための動機＝個人が感じるもの
・**ロイヤルティ**……組織に対する帰属意識、忠誠心＝上下関係が生み出すもの
・**エンゲージメント**……主体的・意欲的に取り組んでいる状態＝相互の対等な関係に基づくもの

モチベーションや忠誠心と言うと、昨今しばしば取り沙汰される、やりがいを強く意識づけることで劣悪な条件での労働を強いる「やりがい搾取」や「ブラック企業」の問題を思い浮かべる人もいるかもしれません。これが問題になるのは、未成熟な若者をだまして

搾取するような場合や、そもそも労働条件が違法である場合です。また、そのような問題はなくても、個人が組織への盲目的な忠誠心によって自分を犠牲にして働くのだとすれば、それは健全とは言えません。一方で、個人が自発的な貢献意欲によって仕事に打ち込んでいるのだとしたら、労働時間が長くても（もちろん違法なレベルになってはいけませんが）大きな問題にはならないでしょう。「自発的な貢献意欲」であるエンゲージメントがあるかどうかという視点で見れば、その職場の何が問題なのかがわかりやすくなります。

個人が自発的な貢献意欲を持って組織に関わる。エンゲージメントは、これからの個人と組織のあり方に合った概念と言えるでしょう。

第 2 章
なぜエンゲージメントが重要なのか

世界の成長企業が続々導入

エンゲージメントは欧米企業をはじめ世界中の成長企業で注目されている概念です。自社の経営指標として従業員のエンゲージメントの強さを診断したスコアを採用している例も増えており、いまや人材マネジメントの新たな常識になりつつあると言っても過言ではなさそうです。具体的にどのような会社が取り入れているのか、いくつか例を挙げてみましょう。

・**アップル**では、従業員エンゲージメントを多面的に把握する仕組みを2007年から導入しています。顧客ロイヤルティを可視化する指標NPSを店舗スタッフのエンゲージメント診断に応用。店舗ごとの結果を踏まえて改善に取り組んでいます。[1]

・**グーグル**は、フォーチュン誌の「働きがいのある会社」ランキングで1位の常連です。

同社では、データを活用してエンゲージメント向上に取り組んでいます。勤務時間の20％を自分の熱中できるプロジェクトに自由に充てられる制度、職場に設けられたプールや遊び場、経営陣に何でも質問できる毎週金曜日の全社会議など、多くの取り組みが同社従業員の高いエンゲージメントをもたらしています。(2)

・**ディズニー**では、リーダー層に対して、従業員への感謝を示す、アクティブ・リスニング、良いストーリーの共有など、エンゲージメントを高める取り組みを日常的な優先事項として行うよう求めています。(3)

・**ザッポス**では、従業員同士でボーナスを贈る制度、願いごとをかなえてもらえるプログラム、ペットを職場に連れてくるイベント、毎月の誕生日パーティーなど多くの取り組みを行っています。そのすべての根底にあるのは、エンゲージメントを重視する考え方です。(4)

着実に成長を続け、市場からの評価も高い優良企業が、こぞってエンゲージメントを重視するのはなぜでしょうか。この章では、今日のビジネス環境においてエンゲージメントが重要になっている理由を概観し、エンゲージメントと企業業績や離職率の関係など、エンゲージメントが組織にもたらすインパクトについて解説します。

正解のない時代だからこそエンゲージメントが重要

なぜ今、エンゲージメントが注目されているのか。背景として、大きく2つの現象を挙げることができます。

■背景①人材の流動化が進み、転職が普通のことになった

ひとつは、人材の流動化が進んだことです。もともと終身雇用の文化が強かった日本企業ですが、バブル崩壊後の長期不況の頃から、人材の流動化がどんどん進んできました。終身雇用が当たり前だった時代においては、従業員のエンゲージメントはあまり問題視されなかったと考えられます。辞めないことが前提なら、人を組織につなぎとめておくための取り組みをする必要もあまりありません。経営者層の関心が、雇った社員をどう活用

するか、どのように配置するかにとどまっていたとしても不思議ではありません。

ところが現在、もはや転職は普通のことになっています。社員が愛着を持てない、働きがいを感じられない職場からは人が去っていきます。企業が個人を選び、一生囲い込んでいた時代から、個人が企業を選び、渡り歩く時代になりました。そして前書きで見たように、人材流出や離職率の高さは、企業にとって致命的な打撃にもなり得ます。人材獲得競争「ウォー・フォー・タレント」に勝つために、企業は従業員のエンゲージメントを高め、ここで働きたい、ここにい続けたいと思ってもらわなければならなくなったのです。

■背景②クリエイティビティが求められるようになった

もうひとつの背景は、変化が激しく、従来のやり方が通用しない時代となり、仕事の中でクリエイティビティ（創造性）がますます求められるようになったことです。現代は、Volatility（変動性）、Uncertainty（不確実性）、Complexity（複雑性）、Ambiguity（曖昧性）の頭文字をとってＶＵＣＡ時代と言われます。かつての高度経済成長期のように、先輩社員がやっていることをそのまま踏襲すればうまくいくという時代ではなくなっています。経営者も先輩社員も「正解」を知らない。そんな状況では、クリエイティビティを発揮して、ゼロからイチを生み出すことがより強く求められます。

そのためには、若手も経営者も、みんなが意欲的に仕事に向き合い、知恵を絞らなければならない。クリエイティビティは上からの命令に従うことで生まれるものではありません。自発的・主体的に考え、自由に発想するときにこそ良いアイデアは生まれるものです。つまり、組織としてイノベーションを生み出し、個人としてクリエイティビティを発揮するためには、自発的な貢献意欲（エンゲージメント）が求められるのです。

こうした2つの背景から、エンゲージメントが企業にとってきわめて重要になっているのです。

エンゲージメントは企業の業績に直結する

実際、エンゲージメントは組織のパフォーマンスにさまざまな影響をもたらすことが科学的にも検証されています。

左図はエンゲージメントが企業のＫＰＩ（重要業績評価指標）にどんな影響を与えるかをギャラップが調査した結果です。

エンゲージメントの高いチームは低いチームより、収益性が22％、生産性は21％、ＥＰＳ（株価収益率）は47％も上回るという結果が出ています。顧客満足度も10％上回っています。一方で、離職率は大幅に低く、事故や品質の欠陥も少なく、欠勤も少ないという相関も明らかになっています。

エンゲージメントと企業業績の関係

上位 25%・下位 25%のチームの中央値の差。ギャラップ調べ。

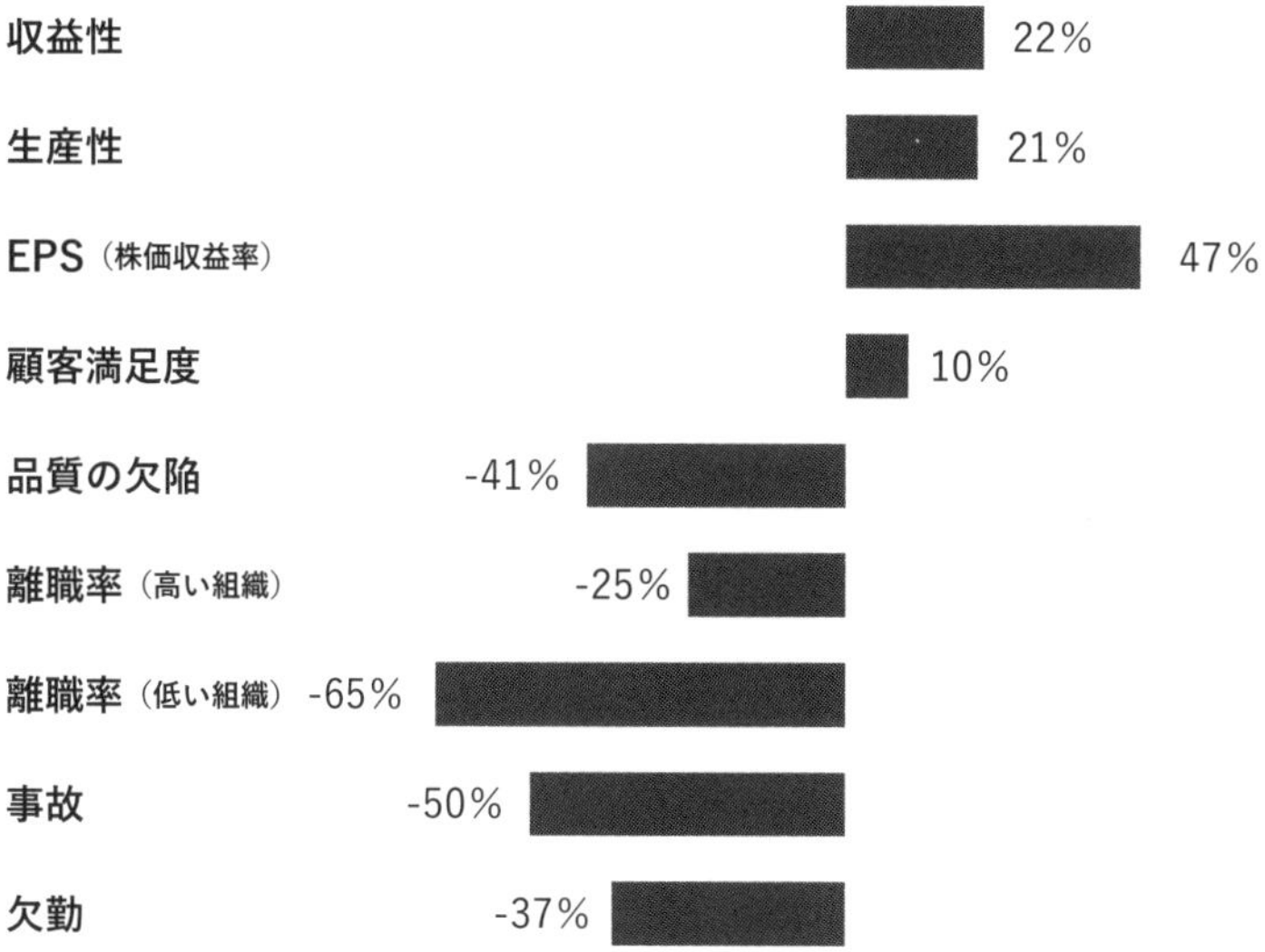

■エンゲージメントが高まれば離職率が下がる

離職率との関係については、アメリカの経営・人事管理コンサルティング会社ＣＥＢ社も調査結果を発表しています。同社が行った調査は、27ヶ国、10業種の59社、５万人を対象とした大規模なものです。それによると、エンゲージメントの高い従業員が1年以内に離職する可能性は１・２％、低い従業員は9・2％と大きな差が見られます。これは、エンゲージメントの低い従業員に何らかの働きかけを行ってそのエンゲージメントを向上させることができれば、離職を87％減らせるということを意味します。

■サービス化が進むとエンゲージメントはますます重要に

また、産業の潮流として、ビジネスのサービス化が進んでいることにも触れておくべきでしょう。いわゆる「モノ売り」から「コト売り」への変化です。

たとえば、オフィス機器などのメーカーが、製品を売って終わりではなく、メンテナンスで収益を上げるビジネスモデルへと転換する動きが過去十数年で広がりました。ソフトウェアをパッケージで販売していた会社がサブスクリプションモデルに移行するのも同様

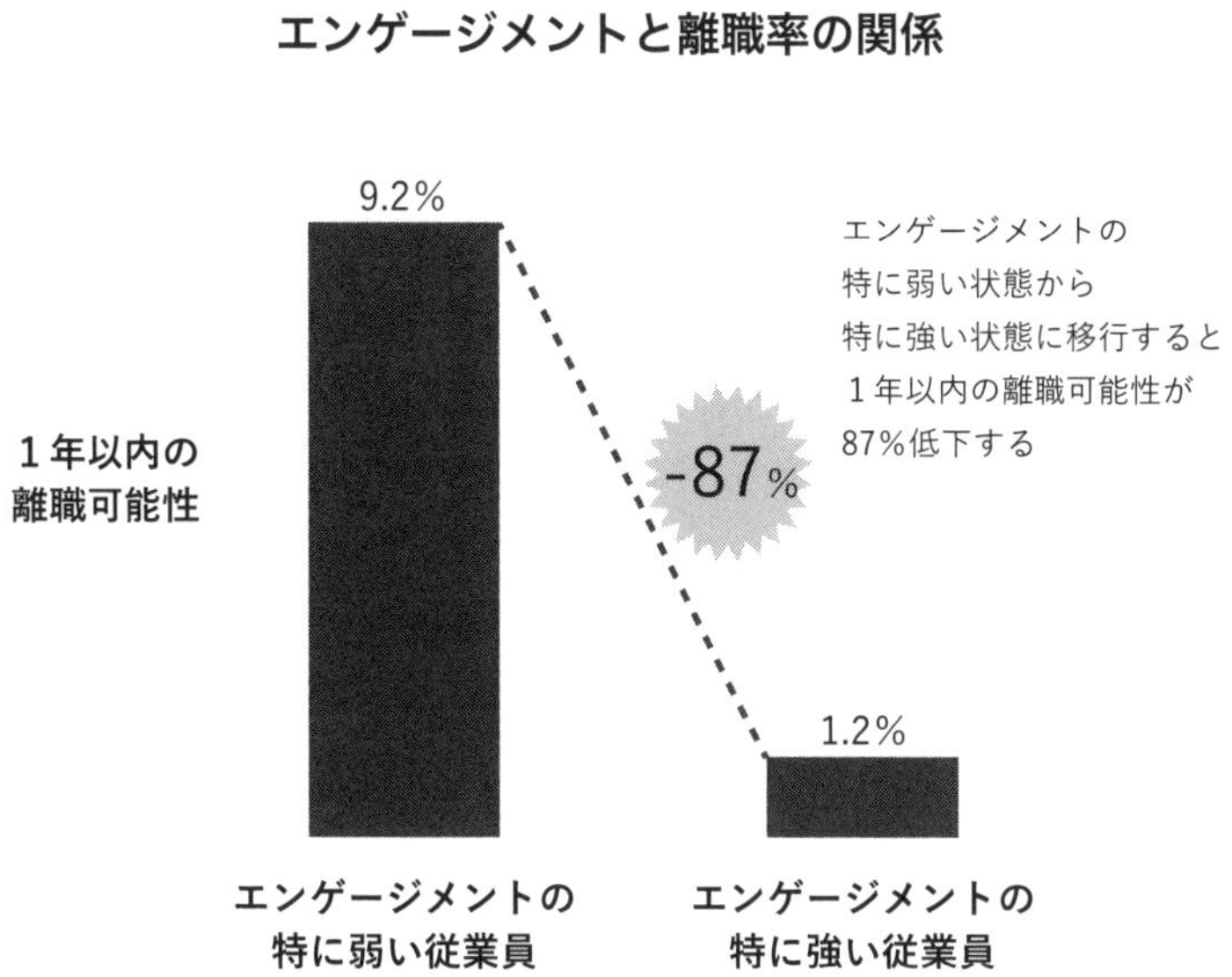

出典：Corporate Leadership Council 2004 Employee Engagement Survey

の変化です。

製品そのものによる差異化が困難になり、商品のライフサイクルも短期化しています。そのため、サービスの質を高めることがビジネスの成功の鍵になってきているのですが、ここにエンゲージメントが重要な影響を及ぼします。


ハーバード・ビジネススクール教授（当時）のジェームス・ヘスケットらは、1994年に発表した論文「サービス・プロフィット・チェーンの実践法」（Putting the Service-Profit Chain to Work）において、従業員のエンゲージメントとサービスの品質の相関を明らかにしました。

ヘスケットらが示したのは、まず組織が従業員を大事にすれば（それによって従業員のエンゲージメントが高まれば）、従業員は顧客によいサービスを提供するということです。すると顧客はさらにそのサービスを利用するようになり、企業の売上と利益が増大します。企業はその利益を使ってさらに従業員を大切にすることができます。こうした好循環が生まれることを、ヘスケットらは実証しています。

ちなみに、従業員のエンゲージメントが高まると顧客の満足度も高まるというこの相関は、「鏡面効果（サティスファクション・ミラー）」と呼ばれます。サービスの提供者と利用者、従業員と顧客は、合わせ鏡のような関係にあるということです。顧客の満足は従業員の満足につながり、それが従業員によりよいサービスを促し、顧客の満足度をさらに高めるのです。

ビジネスのサービス化が進む中、こうした観点からも、エンゲージメントを高めることはますます重要になっていくでしょう。

イノベーションにもエンゲージメントが不可欠

先述したように、変化の激しい「VUCA時代」になったことで、仕事のさまざまな面で創造性や革新性が求められるようになりました。イノベーションの創出を課題ととらえ、力を入れて取り組んでいる会社もとても多くなったと思います。

クリエイティビティを高めるうえでは、一人ひとりが主体的に仕事に関わることが重要です。決められた手順を正確にたどる、オペレーションをこなすタイプの仕事であれば、基本的には「管理」によって進めることができます。しかし、アイデアを生み出す仕事はそうはいきません。能動的・主体的に課題に向き合い、貢献しようと知恵を絞ることが求められます。

たとえば、100人の会社が2つあったとします。1社は、上層部の5人だけがアイデアを考えていて、あとの95人は指示を淡々とこなすことに徹している組織。もう1社は、

100人全員が主体的にアイデアを考えている組織。豊かなアイデアを生み、イノベーションを起こすことができる可能性が高いのはどちらかは、言うまでもないでしょう。

もう少し具体的にいえば、たとえば、アイデアを生み出す拡散思考の代表的手法であるブレーンストーミングの成否は、エンゲージメントのレベルによって左右されるようです。

著者の松林は2003年に『クリエイティブ・シンキング』(ダイヤモンド社)を執筆・出版し、ビジネススクールや企業研修などでさまざまなビジネスパーソンに関わってきました。その過程において、多くの日本企業ではブレーンストーミングがうまく機能していないのではないかと感じてきました。自由にアイデアを出し合おう、とブレーンストーミングを実施したものの、ぎこちないまま発言しない人がいたり、結局は上司の発言が優先されたり、自由に発言したら「実現可能か?」「真面目に考えているか?」と叱られたり……といった経験を持っている人が多いのです。

いわば「名ばかり(なんちゃって)ブレスト」がはびこっており、一度やってみたがうまくいかず、二度と社内でブレストを行わなくなったというブレスト・アレルギー(あるいはトラウマ)を抱えてしまった組織の例も見られます。

ブレーンストーミングがうまくいくためには、「全員を公平に取り扱う(上下関係がない）」「否定しない」「突拍子のないアイデアを歓迎する」「アイデアと人を切り分ける」など、いくつかの前提条件があります。どんなにアイデアを出しても上司の考えが優先されるような企業では、これらの前提条件が満たされていないのです。

そして、実はこれらの条件をすべて満たす「隠れた前提条件」、いわば基本ＯＳのようなものがあります。それが、十分なエンゲージメントがあること、参加者が互いを十分に信頼し合っていることです。

つまり、安心・安全な場を提供できないエンゲージメントの低い組織では、ブレーンストーミングを行うことが極めて困難なのです。これではイノベーションを起こすことなど夢のまた夢となってしまいます。ブレーンストーミングがうまく実施できない組織は、まずはエンゲージメントを高めることから始める必要があります。

■心理的安全性とエンゲージメント

グーグルは２０１２年から約４年もの年月をかけて労働改革プロジェクト「プロジェクト・アリストテレス」を行い、チームが成功するための５つの鍵を特定しました。

・**心理的安全性**（Psychological safety）……不安や恥ずかしさを感じることなくリスクある行動をとることができるか
・**信頼性**（Dependability）……限りある時間を有効に使うため、互いに信頼して仕事を任せ合うことができるか
・**構造と明瞭さ**（Structure & Clarity）……チーム目標や役割分担、実行計画は明瞭か
・**仕事の意味**（Meaning）……メンバー一人ひとりが自分に与えられた役割に対して意味を見出すことができるか
・**仕事のインパクト**（Impact）……自分の仕事が組織内や社会全体に対して影響力を持っていると感じられるか

そして、これら5つのなかで最も重要な、他の要素すべてを支えるOSのような要素が「**心理的安全性**」だと結論づけられています。不安や恥ずかしさを感じることなくリスクある行動をとることができること。これがメンバー間の関係性を表していることは言うまでもありません。メンバーの能力や属性ではなく、安心して行動できる関係性こそが最も重要であるというグーグルの研究結果は大きな話題となりました。5つの鍵の他の項目を見ても、「信頼性」もチーム内の関係性にかかわりますし、「構造と明瞭さ」はコミュニ

ケーションの質にかかわるものです。「仕事の意味」や「仕事のインパクト」はワークエンゲージメントの要素と言えるでしょう。

このようにグーグルは独自の研究によって、チームの生産性を高める要因を、心理的安全性を基盤とする階層構造としてとらえました。

本書では、エンゲージメントこそが生産性向上の鍵だと考え、イノベーションやクリエイティビティなどの土台となるOSとして捉えています。説明の仕方は異なるものの、どちらも関係性を最も重要視しており、本質的には非常に近い見方をしているのではないかと思います。

組織のかたちとエンゲージメントの関係

ところで、エンゲージメントの話は、しばしば組織形態（構造）の話と一緒に語られがちです。組織のかたちとエンゲージメントには、どのような関係があるのでしょうか。

近年、組織のかたちも変わりつつあります。かつてはピラミッド型の組織、ヒエラルキーが一般的でしたが、インターネットの登場以降、フラットな組織形態、オープンな組織形態が模索されるようになりました。最近は階層を排除した「ホラクラシー」や「ティール組織」といったコンセプトや、意思決定権を個々に委ねる分散型の組織も注目されています。

組織形態が変化することは、そこで働く人たちのエンゲージメントにさまざまな影響を与えるでしょう。階層や指示命令系統がはっきりしていて、内側で閉ざされた組織においては、直属の上司や部下との関係性がきわめて大きな意味を持ちますし、社内の誰とつながっているか（社内人脈）が仕事を進める上で重要だったりします。それがよりオープンでフラットな組織に変化すると、どうなるでしょうか。より多様な人たちとの関係性、それまでとは質の異なる関係性をつくっていかなくてはなりません。

そのような変化に直面したとき、もともとエンゲージメントが強い組織であれば、メンバー同士の心理的なつながりや、組織への貢献意欲が支えになり、新たな組織のかたちに前向きに適応していくことができそうです。逆にエンゲージメントが弱い組織では、指示系統や役割定義によって成立していた関係性が失われたとたん、個々人が拠り所のない不安な状態に陥ってしまい、組織が機能しなくなるかもしれません。

バブル崩壊以降の日本経済は「失われた30年」とも言うべき状況に陥っていますが、それは組織のあり方が時代・環境に合わせて進化できず、十分に機能しなくなった結果であるように思えます。

バブル崩壊と同時期に登場したインターネットは、その「自律」「分散」「協調」といった特徴によって、多くのビジネスの形を劇的に変化させました。それまでの多重下請構造から、消費者と生産者が直接つながるようになったのが典型です。そうしたビジネスモデルの変化に合わせて、本来は、組織のあり方も自律・分散・協調を軸にしたものへと変わっていくべきだったと言えるでしょう。

一般に日本企業では、戦後の高度経済成長期から現代にいたるまで、組織モデルに大きな変化が起こっていません。アメリカのビジネス界が不況などを機に新たな組織モデルを探求し続けてきているのとは対照的です。

多くの企業が、主にオペレーションの効率化が競争力の源泉だった高度成長期のモデルを引きずったままなのです。そのため創造性と革新性が競争力の源泉となった今日の環境にうまく適応できず、働く人の不安やストレスも高まっている。それが「失われた30年」を生み出してきたのではないでしょうか。

■事業承継、M&A、組織再編…起こり得る変化に適応するために

しかし今後、生き残りをかけて組織構造の変革を図る日本企業も増えてくるのではないかと思います。これから起こり得る組織の変化にうまく適応できるかどうかは、エンゲージメントの度合に左右されるでしょう。

組織再編だけでなく、新規事業に取り組む場合や、M&A、また事業承継などに際しても同様のことが考えられます。

特に中小企業では「２０２５年問題」と表現されているように後継者不足が深刻です。ファミリービジネス（同族企業）においてスムーズな事業承継が求められるケースは今後ますます増えるでしょう。経営のバトンタッチを成功させるためにも、日頃からエンゲージメントを高めておくことは極めて重要です。

■環境・業務・人材に合った組織のかたちを選択する必要がある

ただし、エンゲージメントの高い組織づくりは、必ずしもフラットでオープンな組織になることと同義ではありません。これはしばしば誤解される点ですのでご注意ください。エンゲージメントが強いか弱いかと、組織がどんな形態をとっているかは、基本的には別の問題であり、両者の間に相関はありません。極端にいえば、トップダウン型のヒエラルキー組織であっても、エンゲージメントが高い状態はあり得るのです。

たとえば、著者の新居が起業する前に勤めた人材サービス企業インテリジェンス（現・パーソルキャリア株式会社）はヒエラルキー型の組織でしたが、従業員はやる気に満ちあふれており、エンゲージメントは非常に高かったと思います。

また、グーグルはプロジェクトベースで柔軟に動いていく「プロジェクト型組織」、パタゴニアは階層のない「ホラクラシー組織」、ゴアテックス素材で有名な化学メーカー、W．L．ゴア&アソシエイツは階層型でも完全なフラット型でもない「格子（ラティス）状組織」、世界最大のトマト加工業者モーニングスターは自主管理を徹底する「網構造組織」など、さまざまな組織モデルが語られていますが、どれがいちばん優れているかを問うことにはあまり意味がありません。

大切なことは、その時代に応じて自社のビジョンに合った適切な組織構造を選択することです。ここには以下の３つのファクターが関係すると考えています。

・**環境**……自社とその業界がどのような環境にあるか。変化が速い、安定している、市場が拡大中、市場が成熟している、競争が激しい、競争がない、など。
・**業務**……仕事の内容・特性。堅実さや正確さが大切、クリエイティビティや新しさが大切、丁寧さやホスピタリティが大切、専門性が重要、など。
・**人材**……求める人材のレベルやタイプ。向上心の強い人、論理に強い人、共感性が高い人、定時で働きたい人、自律的に働きたい人、きちんと管理されたい人、など。

たとえば、アトラエのようなインターネットサービスの業界は変化が速く、仕事のなかでクリエイティビティが求められます。求める人材も自律的に働きたいタイプの人たちです。こうした会社ではフラット型の組織構造が適していると考えています。

環境・業務・人材と組織構造が適合していることは、エンゲージメントを高める要因となります。もしもアトラエが階層型の組織に変わったら、現在いる人たちのエンゲージメントは下がってしまうでしょう。

大量生産・大量販売型の「規模の経済」が効く業界において、既存事業を継続するという前提であれば、一般的にはヒエラルキー構造が適しています。市場環境が落ち着いていて、正確で安定したオペレーションが求められる業種で、経営方針としても堅実性や安定性を大切にしている会社では、指示命令系統が明確な組織形態をとり、きちんと管理された中で働きたい人を雇用するのが適しているでしょう。たとえばこれまでの大手銀行や鉄道会社などがこれに該当するかもしれません。

環境・業務・人材と合っていれば、ヒエラルキー組織でも、エンゲージメントは高くなり得ます。逆に、このような会社が階層をなくしてフラット型組織を指向すると、社員の心理的安全性が損なわれかねません。これまで上司が責任を負ってくれていたのに、階層がなくなって自分で責任を負わなければならなくなると、ストレスが高まるでしょう。

どの組織形態が良いとか悪いとか、進んでいるとか遅れているとかいう話ではありません。ヒエラルキー組織でも、フラットな組織でも、自社の環境・業務・人材に合った組織構造をとること、そしてエンゲージメントを高めることが重要なのです。

NOTE

（1）Rob Markey, "Apple Stores in China: The One Thing They Can't Fake", HBR, https://hbr.org/2011/08/apple-stores-in-china-the-one

（2）"7 Employee Engagement Best Practices from the HR Experts at Google", https://www.culturesummit.co/articles/employee-engagement-best-practices/

（3）Disney Institute Blog, "Show The Love: A Great Investment In Employee Engagement"

（4）Zappos Employee Engagement Fact Sheet, https://www.zapposinsights.com/about/fact-sheets/engagement

第 3 章
日本はエンゲージメント後進国？

あなたはどう回答する？ギャラップ調査の12の問い

本書の冒頭で、ギャラップによるエンゲージメント調査について紹介しました。日本が139ヶ国中で132位という結果になった調査です。

どのような調査方法がとられたのか気になる人もいるでしょう。ギャラップが用いたのは以下の12問です[1]。「Q12（キュー・トゥエルブ）」と呼ばれており、それぞれ5点満点で回答します。よかったらあなたも答えてみてください。

1. 職場で自分が何を期待されているのかを知っている。
2. 仕事をうまくおこなうために必要な材料や道具を与えられている。
3. 職場でもっとも得意なことをする機会を毎日与えられている。
4. この7日間のうちに、よい仕事をしたと認められたり、褒められたりした。

5. 上司または職場の誰かが、自分をひとりの人間として気にかけてくれているようだ。
6. 職場の誰かが自分の成長を促してくれる。
7. 職場で自分の意見が尊重されるようだ。
8. 会社の使命や目的が、自分の仕事は重要だと感じさせてくれる。
9. 職場の同僚が真剣に質の高い仕事をしようとしている。
10. 職場に親友がいる。
11. この6ヵ月のうちに、職場の誰かが自分の進歩について話してくれた。
12. この1年のうちに、仕事について学び、成長する機会があった。

このなかに満点をつけられる項目はどのくらいあるでしょうか。あなたの会社の人たちに回答してもらったら、どんな結果になるでしょうか。

この種のアンケートでは、日本人は控えめな回答をしがちなのではないか、という見方もあります。しかしそれでも、これら12の問いについて高い得点をつけられる人、迷いなくイエスと答えられる人が日本企業で少ないという事実だけでも、憂慮に値するのではないでしょうか。

なぜ日本企業ではエンゲージメントが低いのか

なぜ現代の日本企業ではエンゲージメントが低いのでしょうか。

理由の1つとして、これまでは経営においてエンゲージメントを意識する必要性がそれほどなかったことが挙げられるでしょう。

日本企業では長い間「人が辞めない」ことを前提として組織運営をしてきました。離職という問題がほとんどなかったため、エンゲージメントを意識する必要もなかったのです。そのため、これまで著者らがさまざまな企業経営者と接してきた印象からいえば、エンゲージメント（という言葉を使わなくてもそれに関連する要素）を意識している経営者は非常に少ないと感じます。

状況が変わり始めたのはバブル崩壊後の1990年代です。長期不況に入り、終身雇用・年功序列・企業内組合の「日本的経営」はもはや通用しない、変わらなければならないという機運が高まり、大規模なリストラが行われたり、成果主義が導入されたりするようになりました。しかし、1993年にいち早く成果主義を導入した富士通では、その後に業績が悪化、その原因が成果主義ではないかと批判され、大幅な軌道修正が行われました。同じく導入した三井物産でも、弊害が生じたとして2000年代初頭には軌道修正されています。ほかにも多くの企業で同じような展開が見られました。

そうしたなかで、働く人たちの意欲や組織に対する感情はどのように変化したのでしょうか。「一生勤め続けられる」と思っていたものの、そうではなくなり、辞めさせられる人もでてきた。これからは「成果」で給与が決まると言われ、成果に意識を向けていたら、職場の人間関係がギスギスしてきた。それでも成果を出そうとがんばっていたら、成果主義は廃止されることになった。……経営方針が右往左往する中で、個人が組織を信頼しなくなりました。

組織運営の揺らぎの中で、自社のあり方に疑問を感じたり、反発したり、裏切られた気持ちになったりした人が大勢いたとしても不思議はありません。この十数年の間に、エンゲージメントが大きく損なわれた企業が多いのかもしれません。

この時期、ROI、キャッシュフロー、EBITDAなど、日本企業では欧米発のさまざまな経営指標が新たに取り入れられるようになり、それを軸に事業の再構築を図る動きもありましたが、「事業」の指標には目が向けられる一方で、「組織」についてはこれといった指標がありませんでした。組織の状態を測るための指標が存在しない。これも経営者がエンゲージメントの側面を意識してこなかった一因ではないかと思います。

■高度経済成長期はエンゲージメントが高かった

以上のことを逆にいえば、終身雇用・年功序列といった日本的経営が機能していた高度経済成長期においては、エンゲージメントが非常に高かったと考えられます。

前章で、組織のかたちとエンゲージメントの度合には直接的な相関はないということをお話ししました。高度経済成長期の日本企業は、上下関係のはっきりしたピラミッド組織が大半でしたが、みんなが一致団結して「欧米に追い付け・追い越せ」と目標に向かって努力する風土があったのではないかと思います。組織内だけでなく日本社会全体が、戦後の焼け野原から立ち上がり、豊かさを求めて官民一体となってがんばるという気運に満ちていたのではないでしょうか。しかもそのがんばりは着実に成果をもたらし、人々の暮らししがどんどん良くなっていった。国全体が、エンゲージメントが高い状態になっていたと言えるでしょう。

この時代の日本の産業界の成功については、海外では「ジャパン・ミラクル・イヤーズ」とか「ジャパニーズ・エコノミック・ミラクル」と呼ばれ、大学のケーススタディにもなっています。当時の通産省（現・経済産業省）が規制によって海外企業から日本の産業界を守りつつ、トヨタやソニー、松下電器（現パナソニック）などをはじめとする製造業の成長を強力に後押しし、官民一体となって年10％以上の経済成長を成し遂げた、それはまさに奇跡のような成功だったというわけです。

このころの日本企業の経営者やマネジャーらは、「意地でもこの人たちの雇用を生み出すんだ」とか、「絶対にアメリカに負けない車をつくってやる」とか、強い熱意をもって仕事をしていたのではないかと思います。官僚と民間ビジネスパーソンの距離も近く、日本のために一緒にがんばるという意識が強かったのではないでしょうか。一説によれば、日本のように「お国のために」といった意識を持つ民族は、世界的にはきわめてまれだそうです。島国でほぼ単一民族だからかもしれません。そのような強いエンゲージメントが、高度経済成長を支えたのだと考えられます。

しかし残念ながら、その成功体験が強烈すぎたからでしょうか、日本の産業界は、環境が変わるのに合わせて変化することができませんでした。過去の成功体験が手放せず、変化できない組織がグローバル競争の中で取り残されていきました。

日本企業が出口の見えない不況に陥っていくなか、官僚もどんどん弱体化し、民間とうまく連携してリーダーシップをとることができなくなっていきました。日本企業の従来の組織のあり方が時代に合わなくなり、さらに成果主義など欧米流の経営手法を取り入れるなかでさまざまな良い面が損なわれもしました。その結果として、かつては世界トップクラスだったかもしれないエンゲージメントが、世界最低のレベルにまで弱まってしまったのだと考えられます。

心に響くビジョンがない、ビジョンで人を選んでいない

あなたは自分の勤めている会社のビジョンやミッションをご存じでしょうか。

多くの企業の社員に質問したことがありますが、はっきりと答えられる人は驚くほど少ないのが実情です。

もちろん、企業のウェブサイトには何某かの「ビジョン」は書かれていますが、従業員一人ひとりが思い入れを持てるものとして浸透してはいない、という会社が多いのではないでしょうか。

ＪＴＢモチベーションズが２０１２年に行った調査では、自社の企業理念を説明できると回答した一般社員は全体の33％にとどまっています。(2) また INOUZ Times が２０１７年に行った全国の正社員１００人を対象にしたアンケート調査では、自分の勤める会社の企業理念を覚えているかという問いに対して、１００％覚えているのは22％、まったく覚え

ていないと回答した人は39％でした[3]。

これは、働く人たちが何のためにその仕事をしているのかわかっていないということですから、非常に深刻な問題です。現在の日本企業でエンゲージメントがきわめて低くなっていることの象徴と言えるでしょう。

スターバックスやディズニーなど、わかりやすく心に響くビジョンがある会社では、従業員が仕事の意味を十分に理解することができ、だからこそやりがいを感じられ、エンゲージメントが高くなります。そして会社は、ビジョンに共感して貢献意欲を持ってくれる人たちが働きやすいように、ルールや仕組みを構築しています。この好循環が会社の長期的・持続的な発展をもたらすのです。

長期的に発展する会社の条件を論じた名著『ビジョナリーカンパニー[4]』では、ビジョンに共感する人を集めることの大切さが説かれています。つまり、人材の採用においては会社のビジョンへの共感がきわめて重要だということです。

あなたの会社では、採用活動において、自社のビジョンへの共感度を重視しているでしょうか。

もし重視していないとしたら、会社と従業員の関係性は、その入り口（入社時）からつまずいてしまうことにもなりかねません。「入社してみたらイメージと違った」「やりたい仕事がなかった」といったミスマッチは、エンゲージメントを損ない、早期離職の大きな原因になります。

環境・業務・人材と組織形態がマッチしていない

前章で、会社の置かれた環境と、業務の内容・特性、人材のレベルやタイプ、の3つのファクターに合った組織形態をとることが、エンゲージメントの高い組織をつくるうえで重要という話をしました。この点についても日本企業には課題があるかもしれません。

たとえば従来型の金融機関などでは、業務の大半はオペレーティブな仕事です。事務的な処理を着実かつ正確にこなすことが求められる一方、クリエイティビティなどはあまり求められません。ところが、大手金融機関の採用サイトなどを見ると、「変革へのチャレンジ」「新たな銀行サービスの創造」「あなたの夢が未来を拓く」といった言葉が多用され、とてもクリエイティブな仕事に満ちているかのような印象を抱かせる例が少なくありません。そのようなイメージを信じて入社したものの、させられるのが事務的な仕事ばかりでは、気持ちが早々に萎えてしまっても無理はありません。

ちなみに、アメリカでは投資銀行と商業銀行では採用の対象がまったく異なっています。投資銀行はアイビーリーグの大学や大学院を出たようなエリート学生を対象にリクルーティングを行いますが、商業銀行では高校卒の人を大勢採用したりするのです。

日本の大手金融機関では、「総合職」という名称で一流の大学卒・大学院卒の学生を採用しながら、上下関係に厳しいヒエラルキー組織の中で、その人たちに現場の窓口業務を経験させたりしています。錦織圭さんを採用したのにボール拾いから始めさせるようなことを行っているのです。彼らのエンゲージメントが崩れるのは時間の問題でしょう。近年、大手金融機関で早期離職が増えている一因はここにあるのではないでしょうか。

■製造業的な「上から下に伝える文化」が強い

環境・業務・人材と組織形態の不整合が起こる背景には、かつて日本の中心であった製造業の組織文化の影響もあるかもしれません。

一般に製造業においては、上から下に正しいやり方を教える・伝える文化が強くなると考えられます。大量生産を行う工場をイメージしていただけるとよいでしょう。ここでは上司が正しいやり方を知っていて、部下がそれを教わるという構図が機能します。上が下に指示をするというコミュニケーションです。そして製造業が中心の日本では、産業全般にわたって、そのような組織文化が一般的だったのではないでしょうか。サービス業においても、精緻なマニュアルに従って均一のサービスを提供するといったことが、日本企業では普通に行われています。

環境が変わり、上司も正解を知らない時代になってきたことで、上下の関係性はこれまでと同じようには機能しなくなっています。にもかかわらず、従来型の「上が下に正解を教える」という関係性を維持しようとすることは、エンゲージメントに悪影響をもたらしかねません。

上下関係があってはいけないという意味ではなく、その質的転換が求められています。上から下に指示を出すだけのコミュニケーションではなく、上が下をサポートする、そのために個々人のスキル、資質、将来のビジョン、会社でどんなことをやりたいか、といった話を聞き、対話することが求められるようになっています。

■下積みから始める人材育成の限界

同様に、採用だけでなく人材育成・キャリア形成の仕組みもまた、旧来の製造業的なモデルを変えていく必要があるのではないかと思います。そもそも、現場のオペレーションで下積みをして、いろいろな部署を回りながら徐々に出世し、うまくいけば経営層になれる、というコースがあるのは日本企業ぐらいで、世界的に見れば特殊です。末端業務から始めて経営者にまで上り詰められるほんの一握りの人がいる一方で、幹部候補などと言われて入社したものの現場のルーティンワークで疲弊し、辞めていく大勢の人たちがいます。

これはエンゲージメントを損なうだけでなく、日本企業でなかなか経営人材が育たないと言われる原因にもなっていると考えられます。経営者になり得る資質のある人になかなか機会を与えず、早期につぶしてしまうからです。

大量生産時代の製造業的な組織のあり方から、多くの企業が、そろそろ脱却するべき時に来ているのではないでしょうか。

「働き方改革」で見落とされていること

このように、日本企業においてエンゲージメントが低い背景にはいろいろな要因が考えられますが、多くの企業ではまだまだ課題認識が十分でないように感じます。しばしば見られるのが、この問題を表面的なワーク・ライフ・バランスや働き方の問題に矮小化してとらえてしまう傾向です。

安倍政権が重要課題に掲げた「働き方改革」の議論でも、いわゆるブラック企業の問題などを背景に、長時間労働をどうやって是正するか、といった点ばかりに目が向けられたように思います。長時間労働が過労死を招いたり、メンタルヘルスの問題につながったりするのは大きな問題です。しかし、日本の企業組織が抱えている課題は、長時間労働を是正すれば解決するのでしょうか。

働き方の問題は、労働時間（労働の量）だけではなく、エンゲージメントの強さ（労働

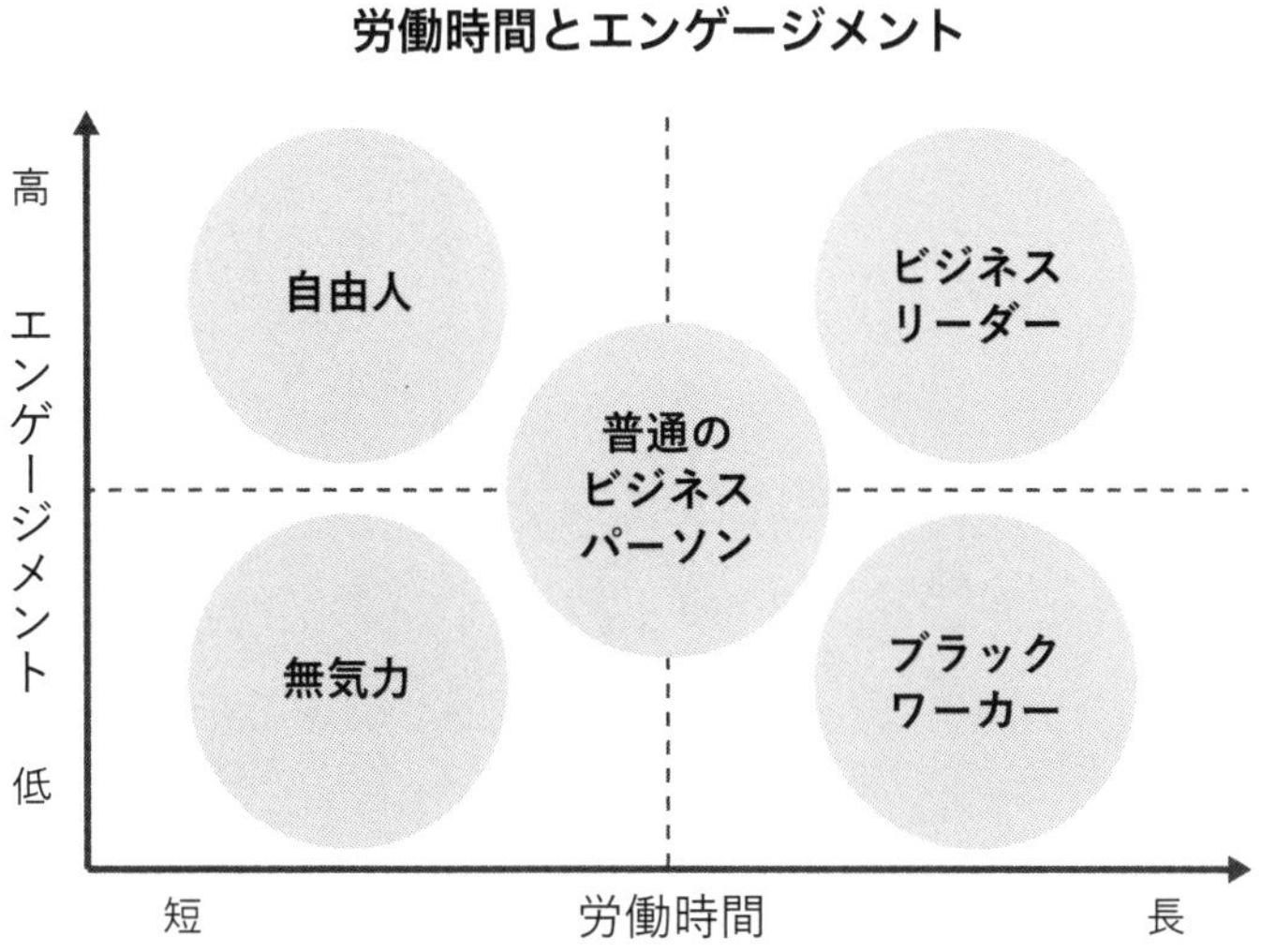

の質）も併せて考える必要があります。この２つを軸にしたマトリックスで考えてみましょう。

昨今の「働き方改革」で焦点が当てられているのは右下の「ブラックワーカー」層、エンゲージメントが低く労働時間が長い人たちです。本来は、労働者には職業選択の自由があり、ブラックワーカーとして働く必要などありません。しかし失業不安や将来不安などから実質的には会社のいいなりに働く以外に選択肢がない（あるいは、ないと思い込んでいる）状態の人が少なからずいるものと思われます。この層の働き方には改革が必要です。労働時間の抑制は、わかりやすい是正策となるでしょう。

しかし、労働時間が長くてもエンゲージメントの高い人たちも存在します。右上の「ビジネスリーダー」層です。起業家や経営者層には長時間労働の人は少なくありません。スタートアップ企業では、時間を忘れて仕事に没頭するような、意欲あふれる若者が活躍しています。このような人たちにとって、健康を害さない程度の長時間労働は必ずしも悪ではありません。画一的な基準で労働時間を制限されたくないという人も多いでしょう。これは、彼らの仕事や組織に対するエンゲージメントが高いからです。

「働き方改革」が単なる「長時間労働の抑制」になってしまうと、このビジネスリーダー層の人たちの働き方が制約される恐れがあります。改革がかえって働く喜びや働きがいを奪い取ってしまっては、「働き方改悪」になってしまいます。

また、ブラックワーカー層についても、本質的な課題はエンゲージメントの低さにあります。エンゲージメントの低い状態を放置して労働時間の短縮を図るだけでは、いわば対症療法に過ぎず、企業活動や日本経済にプラスの影響は生まれないのです。

エンゲージメントを高め、生産性や定着率を高めるような好循環を生み出すことこそ、働き方改革の最優先課題ではないでしょうか。

２０１５年から50人以上を雇用する会社には従業員のストレスチェックが義務付けられ

ましたが、より重要なのはエンゲージメントチェックだと著者は考えています。エンゲージメント診断は、歪みを放置すれば深刻な問題になりかねない、人と組織の関係性の状態を示してくれるからです。ストレスチェックで問題が見つかれば、その従業員の仕事量を減らしたり、休暇をとらせたり通院させたりといった対応をとることになりますが、問題の原因はわからず放置されたままです。エンゲージメントチェックを行えば、事態が悪化する手前で組織内のどこに問題があるのかが見えてきます。より本質的な対策が見えやすくなるのです。

ポテンシャルは高い
日本企業…JAL再生の本質

日本企業においてエンゲージメントが低い理由を考えてきましたが、いろいろな課題があるにしても、著者は日本企業と日本人のエンゲージメントのポテンシャルはとても大きいと考えています。高度経済成長期の成功がそのひとつの表れでしょうし、現代においても、日本人が高いエンゲージメントを発揮している例は見られます。

象徴的な事例が、経営破綻から数年で見事に立ち直った日本航空（JAL）です。2010年1月、2兆3000億円もの負債を抱えて破綻したJAL。再建不能とも言われるなかで同社の会長に就任した稲盛和夫さんが行った改革は、「JALフィロソフィ」の策定と「アメーバ経営」の導入でした。稲盛さんのウェブサイトでは、次のように説明されています。

「ＪＡＬフィロソフィ」が策定されたことにより、日本航空に共通の価値観が生まれるとともに、全社員の意識改革が進みました。

またアメーバ経営の導入により、社員一人ひとりに経営者意識が芽生え、いかに自部門の売上を伸ばし、経費を削減できるかを全社員が主体的に考えるようになったのです。(5)

つまり、従業員一人ひとりに自発的な貢献意欲が生まれたのです。エンゲージメントという言葉こそ使われていませんが、稲盛さんが行ったことの本質は、エンゲージメントの育成にほかなりません。

その結果として、赤字続きだった同社が翌期には営業黒字に立ち直り、２０１２年９月には東証一部に再上場を果たしたのです。従業員数は３万人以上（連結）、事業会社として過去最大級の負債を抱えて破綻した会社が３年足らずで再生した、まさに奇跡のような再生です。エンゲージメントの向上は、これほど大きなインパクトをもたらし得るのです。

それでは、エンゲージメントを高めるために、具体的に何をすればよいのでしょうか。次章で詳しく見ていきましょう。

NOTE

（1）カート・コフマン、ゲイブリエル・ゴンザレス＝モリーナ『これが答えだ！——部下の潜在力を引き出す12の質問』（加賀山卓朗訳、日本経済新聞社、２００３年）

（2）http://www.jtbm.jp/wordpress/wp-content/uploads/2012/09/kigyorinen.pdf

（3）https://inouz.jp/times/question_corporateidentity/

（4）ジム・コリンズ、ジェリー・ポラス『ビジョナリーカンパニー——時代を超える生存の原則』（山岡洋一訳、日経ＢＰ社、１９９５年）

（5）稲盛和夫 OFFICIAL SITE

第 4 章

エンゲージメントを
高める
９つのキードライバー

エンゲージメントを「見える化」する方法

本章ではエンゲージメントに影響を与えるドライバーを紹介し、具体的にどのような行動や慣行が各要素にどんな影響をもたらすのかを見ていきます。

エンゲージメントを高めるためには、まず現在のエンゲージメントの状態を測定できなければなりません。

実を言えば、エンゲージメントのレベル自体を測定するのは簡単です。前章で紹介した「Q12」でも評価することができますし、もっとも簡便な測定法としては、次のたった1つの質問を聞くだけで診断可能です。

「あなたは現在の職場を親しい友人や家族におすすめしたいですか？」

eNPS（従業員ネット・プロモーター・スコア）

**あなたは現在の職場を親しい友人や家族におすすめしたいですか？
10点満点で答えてください。**

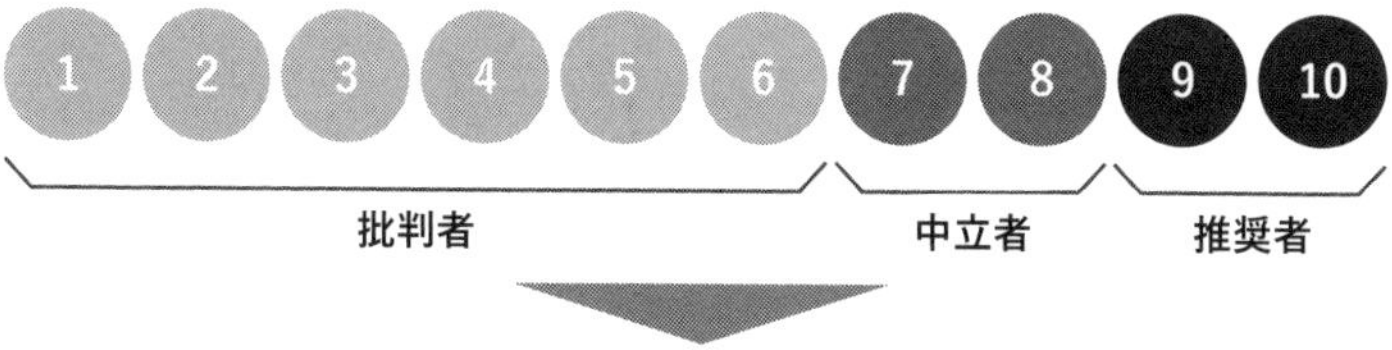

回答者のうち、推奨者が50%、批判者が30%いた場合

50%（推奨者）－30%（批判者）＝ **eNPS 20**

この問いに対し、どの程度おすすめしたいかを10点満点で評価してもらいます。そして、回答者全体に占める「推奨者」（9〜10点）の割合から、「批判者」（0〜6点）の割合を引いた数値がエンゲージメントの度合を示すものとなります。これはeNPS（Employee Net Promoter Score）と呼ばれ、アップルをはじめ、多くの企業が従業員のエンゲージメントを測る手法として導入しています。

しかし、こうした手法でエンゲージメントの度合はわかっても、それだけではどこに問題があるのか、何をどうすればエンゲージメントを高められるかはわかりません。改善を図るためには、エンゲージメントに影響をもたらす要因を明らかにすることが必要です。

病気にかかったときは、診察を受けてどこが悪いかを特定しないことには、効果的な治療はできません。離職率が高くなって困っているときは、どこに問題があるのか、どの部署、どのチーム、どの職種の人たちに、どんな問題が生じているのかを明らかにすることが必要です。

そのためのツールを作ろう、ということで生まれたのが、アトラエの組織改善プラットフォーム「ｗｅｖｏｘ（ウィボックス）」です。

「ｗｅｖｏｘ」は、従業員に対して定期的にアンケートを実施することで、組織におけるエンゲージメントの状態を定点観測できるツールです。アンケートはパソコンでは1クリック、スマートフォンのアプリでは1タップで手軽に回答できるよう設計されており、回答者の匿名性も担保されます。従業員が安心して本音で回答することができます。そのため組織のリアルな状況とその変化を詳細に観測できるのです。

「ｗｅｖｏｘ」という名前は、「we（私たち）」と「voice（声）」という2つの単語からつくったものです。社員が本気になって声を上げれば会社はよくなる、という思いをこめています。２０１７年5月にリリースしたこのサービスは、すでに４００以上の企業が導入し、組織改善に役立ててくださっています。

組織改善プラットフォーム wevox

比較画面。各キードライバーのスコアを確認・比較できる。

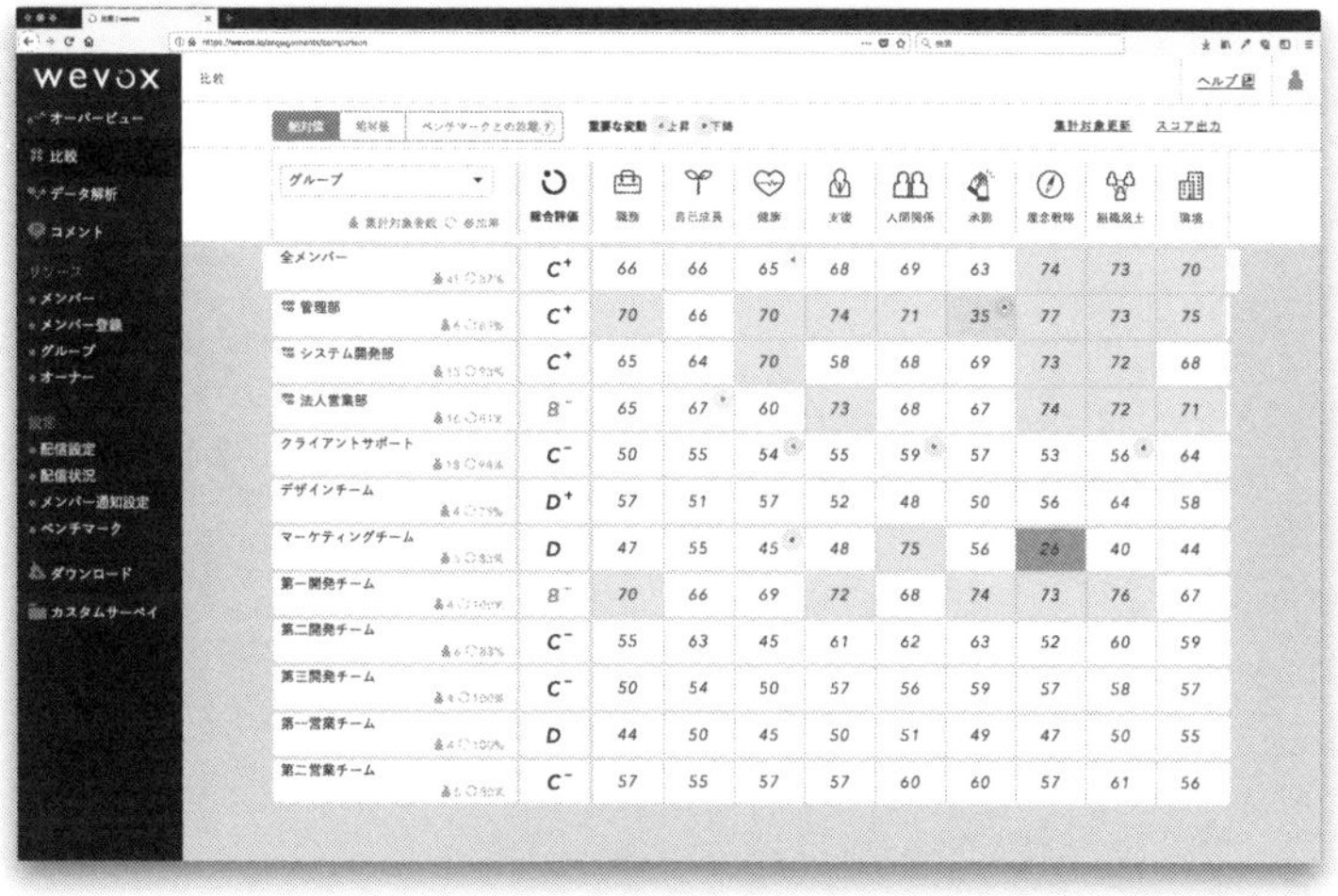

アンケートにはスマートフォンでも手軽に回答できる。

エンゲージメントを左右する9つのキードライバー

アトラエは、北里大学の島津明人教授など専門家との議論を踏まえ、エンゲージメントに影響する9つのキードライバーを見出しました。ｗｅｖｏｘではこのそれぞれについて計測し、１００点満点のスコアが算出されるようになっています。

・**職務**……職務に対して満足度を感じているか
・**自己成長**……仕事を通して、自分が成長できていると感じているか
・**健康**……従業員が仕事の中で、過度なストレスや疲労を感じていないか
・**支援**……上司や仕事仲間から、職務上又は自己成長の支援を受けているのか
・**人間関係**……上司や仕事仲間と良好な関係を築けているのか
・**承認**……周りの従業員から認められていると感じているか

・**理念戦略**……企業の理念・戦略・事業内容に対して納得・共感しているか
・**組織風土**……企業の組織風土が従業員にとって良い状態なのか
・**環境**……給与、福利厚生、職場環境といった従業員を取り巻く会社環境に満足しているのか

これら9つのキードライバーの状態にはばらつきがあります。「職務」の満足度は今一つだけれども「支援」や「人間関係」が非常に高く、全体として見るとエンゲージメントが高い、というように、9つのドライバーの影響が重なり合ってエンゲージメントを決定づけるのです。組織のエンゲージメントを高めるには、良い結果を示しているドライバーをさらに強化するという道筋もありますし、悪い結果を示しているドライバーについて対策をとるという道筋もあります。

何がエンゲージメントを変化させるのか

それでは、組織において具体的にどのような行動や慣行、出来事が、９つのキードライバーを動かし、エンゲージメントに影響を与えるのでしょうか。典型的と思われる例をいくつか見てみましょう。

■支援――効果的な1on1ミーティングとは

最近、マネジメントの取り組みとして多くの企業で導入が広がっている１ｏｎ１ミーティング。上司と部下が１対１で話し合う場を定期的（週次、月次など）に設け、仕事の中での課題の確認、相談、振り返りなどを行います。「支援」のドライバーを動かす施策であり、エンゲージメントを高める効果がありそうです。実際に効果を上げている職場も多いでしょう。

しかし、1on1ミーティングを導入した企業すべてでうまく機能しているかといえば、そうとも限りません。1on1ミーティングを導入したのにエンゲージメントが上がらない、むしろ下がってしまったという例もあるようです。なぜでしょうか。

多くの企業の方からよく聞くのが、「1on1ミーティングの間、大半は上司がしゃべっている」という話。本来1on1ミーティングは、上司が聞き役となり、主に部下が話をする場です。部下と上司が8：2ぐらいの割合で話をするのがよいとされています。ところが、上司が7割ぐらいしゃべってしまうケースが少なからずあるようです。上司によるお説教の場になってしまうと逆効果になりかねません。

1on1が有効に機能するかどうかは、もともと上司と部下の間に信頼関係があるかどうかに左右されます。信頼関係のない中で行っても、部下は安心してしゃべることができず、期待した効果につながらないのです。

似たような話で、職場のコミュニケーション改善のために、上司が飲み会の予算を設けて実施したところ、かえって離職者が増えてしまったという例もしばしば聞きます。部下の側では飲み会など望んでいなかったわけです。苦手な上司と一緒に飲みに行くことを強要されても嬉しくない。そんな心理を無視して形だけの施策を行っても、効果がないどころか逆効果にもなり得るのです。

それでは、どのように1on1ミーティングを行えば、エンゲージメントを向上させることができるのでしょうか。一つ有効と考えられるのが、受ける側（部下）にミーティングの相手を選んでもらうことです。「この人に相談したい」「この人のフィードバックを受けたい」と思う相手を数人選んでもらえば、正直に話し合える1on1になりやすく、エンゲージメントにも良い影響が見られるでしょう。

■職務――わずか2・5人の管理部門で上場を実現したアトラエ

「職務」のドライバーには、仕事内容にやりがいを感じられるか、職務を遂行するうえで必要な裁量が与えられているか、といったことが影響をもたらします。

あなたの職場では、入社年次の低い人に、その人がやりがいを感じられないような仕事を押し付けていないでしょうか。

たとえば金融機関などで、高い意欲をもって入社したハイスペックな人材に、下積みと称して窓口のルーティンワークをさせていたら疲弊してしまったという例を見聞きします。やりがいを感じられない仕事を続け、「職務」の満足度が下がりエンゲージメントが低下してしまったのです。

これは、ルーティンワークは決まってやりがいのない仕事だという意味ではありません。本人にとってやりがいを感じられ、適切なコミュニケーションがなされていれば、窓口業務であれバックオフィスの業務であれ、高いエンゲージメントを実現することは可能です。

たとえば、アトラエが２０１６年に東証マザーズに上場したとき、上場手続きの膨大な業務を遂行した管理部門には、わずか2・5人の社員しかいませんでした。これは上場時の管理部門の人数としては史上最少だと思います。しかもメンバーのうち2人は幼い子供がいる女性です。そんな体制でありながら、スケジュールに遅れることなく、すべての上場関連業務をやり遂げました。

場合によっては、これは相当に過酷な仕事を強いたということにもなり得ます。エンゲージメントの低い職場では、「わずかな社員で膨大な量の仕事をさせられ、こき使われた」と思われていたかもしれません。しかし実際は、この経験は彼らにとって誇りになっています。仕事の意味を共有し、個々の働きを承認し、適切に支援することに取り組んでいるアトラエでは、管理部門のエンゲージメントのスコアは高水準です。上場時の大変な仕事も、「自分たちにはこんなすごいことができるんだ」という自信になっているようです。

同じ仕事であっても、従業員がやりがいを感じられるように経営側が適切なコミュニケーションをとっているかいなかで、「こんな仕事ができて誇らしい」という感覚にもなるし、「こき使われた」という感覚にもなるのです。

■承認──上司が成果を持って行ってしまう

仕事で成果が出たときに、社内で称賛されたり、社外から注目され取材されたりするのが、現場のスタッフではなく上司になることが往々にしてあります。

たとえば、ゲーム開発の世界ではグラフィックのデザインやBGMなど細部の作り込みが非常に重要ですが、そうしてできあがったゲームが何かの賞を受賞して表彰される際、壇上に上がるのは、実際にものづくりを行っているエンジニアではなく、部門長などマネジメント側の人だったりします。わかりやすい立場の人に脚光が当たるのは自然といえば自然ですが、スタッフ自身が感じる貢献度とは齟齬があることも考えられます。

自らの仕事の成果が十分に承認されていない、上司に成果を横取りされた、といった感覚になったとしたら、エンゲージメントが損なわれるでしょう。

そもそも、個人の成績がはっきり可視化される営業職などとは異なり、大勢の人が関わってものづくりを行う職種においては、成果が誰のものなのかは見えにくくなります。顧客とやり取りするフロントの人たちは、商品やサービスに対する称賛の声を聞く機会もありますが、開発に携わるクリエイティブ職の人たちにはそのような機会が少なく、一方で、不具合の報告などには日々接するため、自分の仕事が「承認」されているという感覚が弱くなりがちなようです。ひどい場合は精神的に疲弊していくケースもあるでしょう。

クリエイティブ側の人たちを称賛する機会を設ける、商品やサービスを好意的に評価してくれている顧客と関わる機会を提供する、といった取り組みが、対策として考えられます。特に、上の立場にある人が、「成果を横取りされた」と部下たちに感じられないよう、自ら現場のスタッフを承認する姿勢を示していくことが重要と言えるでしょう。

エンゲージメントは日々変化する

このように、エンゲージメントはさまざまな要因に影響され、日々変化するものです。したがって、年に1回の満足度調査では、日々変化する心の動き、関係性の揺らぎを見るにはあまりにも不十分。定期的・継続的に診断することが大切です。

そのため「ｗｅｖｏｘ」は、会社の人たち自身が組織の状態を定期的にチェックし、改善のために日々活かしていくためのツールとして設計されています。管理画面では、各ドライバーについてスコアの推移を確認できます。

月次や週次でスコアの推移を見ていくと、人事異動があった、職場で何かトラブルが起きた、大きな契約が決まった、といったタイミングでスコアが変動することがあります。スコアが大幅に下がったときにどんな出来事があったのかを確認したり、何らかの施策を打った後のスコアの推移を確認したりすることで、個々のイベントや施策の影響・効果を

wevox の管理画面

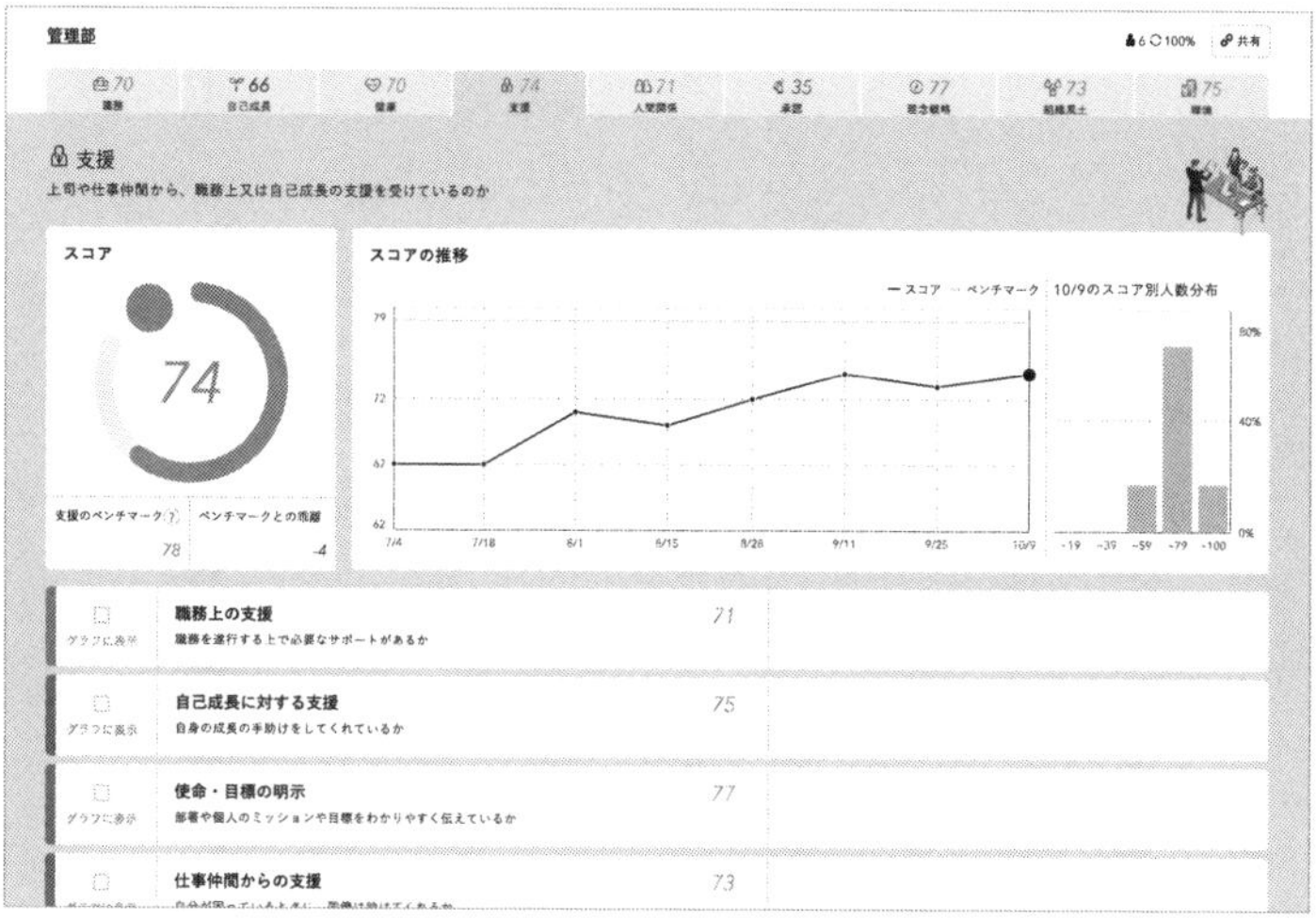
管理部
支援
上司や仕事仲間から、職務上又は自己成長の支援を受けているのか
スコア
74
支援のベンチマーク
78
ベンチマークとの乖離
-4
スコアの推移
スコア
ベンチマーク
10/9のスコア別人数分布
職務上の支援
職務を遂行する上で必要なサポートがあるか
71
自己成長に対する支援
自身の成長の手助けをしてくれているか
75
使命・目標の明示
部署や個人のミッションや目標をわかりやすく伝えているか
77
仕事仲間からの支援
73

把握し、よりよい施策につなげていくことができるのです。

■キードライバーは互いに相関する

なお、９つのキードライバーは互いに相関します。キードライバーをそれぞれいくつかの小項目（左表）にブレイクダウンして分析すると、特に相関が強いいくつかのグループに分類できそうなことがわかってきているのです。たとえば、以下のことが挙げられます。

・「使命や目標の明示」、「同僚からの困難時の支援」、「成果に対する承認」、「やりがい」は同じ要因でスコアが上下することが示唆されている

↓　チームの目標が明確で、困ったときの支援等チームワークが良い状況で成果が出、それが正しく承認されると、やりがいにつながると思われる

・「上司との関係」、「裁量」、「達成感」、ｅＮＰＳは同じ要因でスコアが上下することが示唆されている

↓　上司との関係が良好で、仕事に対する充分な裁量が与えられている状況で、仕事

9つのキードライバーを構成する小項目

職務	**やりがい**	職務を通してやりがいを感じられているか
	裁量	職務を遂行する上で必要な裁量が与えられているか
自己成長	**達成感**	仕事を通して、達成感を得られているか
	成長機会	仕事を通して、能力やスキルを高められているか
健康	**仕事量**	任されている仕事量は適切か
	ストレス反応	頭が重い、イライラする等のストレス反応がでていないか
支援	**職務上の支援**	職務を遂行する上で必要なサポートがあるか
	自己成長への支援	自身の成長の手助けをしてくれているか
	使命や目標の明示	部署や個人のミッションや目標をわかりやすく伝えているか
	同僚からの困難時の支援	自分が困っているときに、同僚は助けてくれるか
人間関係	**上司との関係**	上司とは良好な関係が築けているか
	仕事仲間との関係	仕事仲間とは良好な関係が築けているか
承認	**成果に対する承認**	成果を認められたり褒められたりしているか
	発言・意見に対する承認	自分の意見や発言を周囲が聞いてくれているか
	評価への納得感	成果や貢献に見合った評価がされているか
理念戦略	**ミッション・ビジョンへの共感**	会社の企業理念・経営理念に共感しているか
	会社の方針や事業戦略への納得感	会社の方針・戦略に納得できているか
	経営陣に対する信頼	経営陣を信頼しているか
	事業やサービスへの誇り	自社で展開する事業やサービスに誇りを感じているか
組織風土	**キャリア機会の提供**	意欲的であれば、会社がチャンスを与えてくれているか
	挑戦する風土	失敗したこと以上に、挑戦したことを讃えられる会社か
	部署間での協力	目標を達成する上で、他部署は協力的であるか
	称賛への妥当性	社内で誰かが称賛されたとき、適切であると感じているか
環境	**職場環境への満足度**	働きやすい職場環境か
	ワーク・ライフ・バランス	必要に応じてライフスタイルにあった働き方ができるか
	給与への納得感	働きに見合った給与・ボーナスが支払われていると感じているか

に主体的に関われた結果、達成感を感じ、ｅＮＰＳが上昇するということがあると思われる

・「給与への納得感」、「事業やサービスへの誇り」、「部署間での協力」、「仕事量」、ｅＮＰＳは同じ要因でスコアが上下することが示唆されている

→　ｅＮＰＳが向上する要因として、右記のもの以外に、会社の物質的な項目（給与、事業・サービス、部署間の関係性）が満たされることもあると思われる

このような相関関係を踏まえることで、複数のドライバーが課題を示唆しているとき、どこから手を付けると高い効果を見込めるか、といったことが見えてきます。

組織改善は自社で取り組むべき課題

組織改善プラットフォーム「ｗｅｖｏｘ」の導入が広がるにつれて、利用企業でのエンゲージメント診断の結果を踏まえた取り組みも増えてきました。その事例を共有すると利用企業みんなのためになるだろうということで、「ＤＩＯ」というメディアを設けて事例共有を行っています。

ＤＩＯとは、「Do It Ourselves（私たち自身でやる）」の略です。組織の問題は多種多様で、決まった正解があるわけではありません。エンゲージメントを高めるために有効な施策は会社によって異なるのです。

それに、組織改善は、組織の人たち自身が取り組むべきものです。組織改善を外部のコンサルタント任せにしてはいけません。エンゲージメント、すなわち「自発的な貢献意欲」を高めることが組織改善の核心なのです。社員が当事者意識を持って組織改善に取り組むことは、エンゲージメントを高めることに直結します。答えは外にではなく、中にあるのです。

次章では、「ｗｅｖｏｘ」の利用企業がそれぞれの創意工夫で行っている、具体的な取り組み事例を紹介します。

第 5 章
実践！
エンゲージメント経営

■導入企業でさまざまな取り組みが始まっている

前章ではエンゲージメントに影響する９つのキードライバーとそれを変動させる要素について詳しく解説しました。この章では、診断結果を踏まえて組織改善に取り組んでいる企業の事例を紹介していきます。

まず、エンゲージメント経営に意欲的に取り組んでいる会社を３社ピックアップし、経営者や人事責任者の方へのインタビューをもとに取り上げます。Ｓａｎｓａｎ株式会社は急成長中のＩＴ企業、白鷺ニット工業株式会社は肌着の企画・製造・卸売を行う製造業、株式会社福井は創業１００年以上の歴史を持つ、刃物やＤＩＹツールの総合商社です。

「チャージ休暇」「イエーイ」…意志・意図のある制度づくり（Sansan株式会社）

「ビジネスの出会いを資産に変え、働き方を革新する」というミッションのもと、法人向けクラウド名刺管理サービス「Sansan」、名刺アプリ「Eight」を展開するSansan株式会社。同社では、エンゲージメント測定の結果、キードライバーのうち「健康」の数値が低いことに着目し、対策として「チャージ休暇」という制度を新設するなどの取り組みを行っています。

■組織や人の状態を「点」ではなく「線」で捉える

Sansanがエンゲージメントの測定を始めたのは、以前から行っていた定期的な人事面談では、組織の状態を把握するには不十分との思いからでした。

組織の拡大に伴って始まった人事面談では、たとえば入社1ヶ月後などの定期的なタイミングで、個人と組織のミスマッチがないか、入社前とのギャップがないか、環境的に何か解決できるものはないかなどについてヒアリングを行っているそうです。しかし、面談でわかることは「点」でしかない、と人事部長の大間祐太さんは語っています。

「その時点で何が良かったか悪かったかを知るだけでは、これから何を解決していくべきなのか、対策をとった後にどうなったかが分かりません。点の情報だけではなく、定点観測を行なって、線で組織の状態を捉えたい。そこでwevoxを導入し、エンゲージメントの測定を始めました」

組織の状態を「点」ではなく「線」で捉えること。エンゲージメントは日々さまざまな要因で変動し得るため、「線」で捉える視点が大切です。

「たとえば、組織体制に何らかの変更を行ったときは、その組織が想定通りにまわっているかどうかを継続的に把握する必要があります。会社としては事業の成長のために良かれと思って組織を再編したものの、うまく機能せず、メンバーが疲弊するような状態になってしまったら、軌道修正を図らなければなりません。もとの組織に戻すのか、もしくはさらなる再編を行うのか。線で追うことでそういったことにいち早く気づくことができ、打ち手が打てるので重要だと思っています」

組織がうまくいっているかどうかを判断する材料としては、売り上げやプロジェクトの進捗などのアウトプットを思い浮かべる人が多いことでしょう。しかし、アウトプットはあくまでも「点」の情報。それだけでは不十分だと大間さんは言います。

「以前は売上高や解約率といった結果でしか判断できていませんでした。しかし、何か問題となる出来事が起きてから対処したのでは手遅れのケースも多々あります。組織の状態を線で追うことで、問題を早期に発見し、防いでいきたいという思いがあります」

■事業成長への意図をもった対策をとる

Sansanでは、エンゲージメント測定の数値の変化をもとに、いま組織に足りないものは何かを明らかにし、対策がとられています。

「ひとつの例が、〈チャージ休暇〉という新制度を設けたことです。働くのが好きなメンバーが多いため仕事量が多くなりがちで、キードライバーの中で〈健康〉の数値だけが落ちていました。そこで、日々の疲れを癒すため、エネルギーをチャージするために、3日間連続で休んでください、という休暇制度を作ったのです」

ここで注意するべきなのは、この制度がただ休みをとらせることだけを目的としたものではないことです。

「チャージ休暇は、名前からも分かるように、リフレッシュすることで生産性を向上することが目的です。とにかく遊んできてもらうことを目的とした休暇ではありません」

そのため、チャージ休暇を使って徳島県神山町にあるＳａｎｓａｎのラボに行く場合は交通費が補助されるとのこと。ただ休んでほしいというだけでなく、休むことで生産性を上げてほしいという会社側の意図がわかります。「制度に意志と意図があること、さらにその意志と意図が事業成長やミッションの実現に向けられていることが重要です」

他の例として、Ｓａｎｓａｎには「イエーイ」という在宅勤務の制度もあります。一人で集中して行う業務など、自宅で行った方が生産性が上がることが期待できる場合に在宅勤務を認める制度です。また、自身や家族の体調のケアが理由で１００％の成果があげられない場合には「イエーイケア」、妊娠中の女性社員には「イエーイＢａｂｙ」が用意されています。

「開始当初は生産性を向上させるための〈イエーイ〉のみでしたが、利用されるうちにさまざまな背景から在宅勤務を希望する声が出てきました。そこで、制度の利用目的を明確にし、かつ多様な働き方を選択できる環境を用意して社員のパフォーマンスをあげるため、同じ在宅勤務でも目的別に制度を細分化しました」

第1章で、従業員満足度とエンゲージメントの違いについて説明しました。従業員満足度を高めるという観点では、ただ休暇をとりやすくするだけでも足りるかもしれませんが、それでは必ずしも事業の成長や生産性の向上にはつながりません。制度の目的・意図を明確にし、ミッションや事業成長につながるものとして設計しているSansanの施策は、まさにエンゲージメント向上の視点に立った、優れた取り組みと言えるでしょう。

■「全員がリーダー」をめざすエンゲージメント経営

Sansanでは9つのドライバーのなかで「理念戦略」への共感や「組織風土」のスコアが非常に高くなっています。その背景には、日頃から部署の枠を超えて連携するための取り組みが行われていることがあります。社内でしばしば使われるのが、「7人8脚」や「最高のバトンタッチにしよう」といったフレーズ。どの部門もなくてはならない存在であること、部門間の連携が大切であることを意識づけることで、全員で一致団結できるカルチャーを築いているようです。異なる部署のメンバー同士で飲みにいくのを会社が補助する「Know Me」という制度もあるとのこと。

そんなSansanがめざしている組織像は、「全員がリーダーシップを発揮できる組織」。

リーダーシップは、リーダーやマネジャーの立場にある人だけが発揮するものではないという考えのもと、社員一人ひとりが主体性をもって、組織を引っ張っていくような働きをすることを求めているそうです。まさに「自発的な貢献意欲」であるエンゲージメントを重視する経営を実践している会社と言えるでしょう。

「Ｓａｎｓａｎに所属しているメンバーが、常に自分の会社は誇らしいと思えるような会社にしていきたい。自分が誇らしいと思える組織とはどういう組織なのかを一人ひとりに考えてほしいし、誇らしいと思える組織をつくるために自分が何をするのかを考えてほしいです。そういったことを一人ひとりが考えて走っていけたら強い組織になりますし、人事としてそれを後押しする役割を果たしていきたいと思っています」

ワンマン経営から「ワクワクできる会社」へ（白鷺ニット工業株式会社）

インナーウェア・アンダーウェアの企画・開発・製造卸業などを行う白鷺ニット工業株式会社。三木一正さんが2017年5月に社長に就任して第2創業期を迎えた今、一人ひとりが自律的に働く組織をめざして、さまざまな取り組みを進めています。

■リーダー育成のためにエンゲージメントを測定

「白鷺城」の別名を持つ世界遺産・姫路城で知られる兵庫県姫路市。ここに本社を置く白鷺ニット工業は、創業者の三木正義さん（現会長）が50年近く経営してきた、いわゆるワンマン経営の会社でした。2017年に長男の三木一正さんが社長に就任し、いわば第2創業期がスタート。新社長の三木さんがまず気になったのが、社長と社員が長らく指揮官と兵隊のような関係であり続けてきた影響が社内のあちこちで見られることでした。

これからは人材育成を進め、リーダーやマネジャーをきちんと育て、会社組織を体系化していかなければならない。そう考えた三木さんは、リーダーになるべき人材に組織経営への意識を持ってもらうことを念頭に、wevoxを導入してエンゲージメント測定を開始。つまりwevoxを「リーダー育成のためのツール」として活用し始めたのです。

エンゲージメントの状態を可視化することが、組織を良くしていくために何をするべきなのか、リーダーやマネジャーが自ら考えるきっかけになるのではないか。それがうまく進んでいけば、一人ひとりが自分の頭で付加価値を考え、成果を上げられる会社になっていけるのではないか。そんな思いがあったそうです。

加えて三木さんは、プロパー社員と中途入社者の間で、仕事や職場に対するマインドに差があることを感じていました。社内にどういう課題があるのかを知りたい。そうして実施したエンゲージメント測定の結果に、三木さんは驚いたと言います。「私が経営者として思いを強く持っているところほど低く、そうではないところが高かったりしたのです。これはちょっとショックでした」

■エンゲージメント測定を評価や課題共有に活かす

エンゲージメント測定によって、これまで見えていなかった、社員の本音が浮かび上がってきました。各チームの傾向も見えてきました。三木さんは測定結果を全社員に公開し、課題意識やどんな対策をとり得るかについて、考えることを求めました。

リーダー層に対しては、ｗｅｖｏｘで可視化されたチームの課題に対して、何をどう取り組むのか、とるべき行動を明確にして目標設定の中に落とし込むよう求めました。

同社では導入当初、毎週アンケートを実施（後に月次に変更）。意識の高いリーダーほど、どういう結果が出るのかを楽しみにしているようだと三木さんは言います。２週目以降は、測定結果について社内でいろいろな話がなされるようになりました。結果を分析したり、「こういう課題があるなら、これを次の目標にしていこう」といった議論をしたりしながら、より良い組織づくりをめざす動きが強くなっていきました。「取り組みに対する結果が毎週分かりますし、課題に目を向ける機会も増えるので、非常に価値があると感じています」

また、人事評価の方法にも測定は活かせるようです。白鷺ニット工業では、数字に表しにくい定性評価の部分は、ｗｅｖｏｘの結果に合わせて点数化されています。たとえばＡ＋

は10点、Aは9点、A－は8点……というように絶対評価にして、それぞれが考えたその目標の重み付け（％）と掛け合わせて評価ポイントにするといったやり方がとられています。

■社員自らが組織を変えていけるように

白鷺ニット工業のモットーは「ワクワクを生み出すこと」。そのためには、会社がワクワクできる場所でなければいけません。社員が自立的に働けて、自己実現ができる組織を作りたい。そう抱負を語る三木社長は、大事なのは妥協しないことだと言っています。人生と同じで、「少しでもいいものにしていくんだ」という強い気持ちを持つことだと。「会社という場所は、ワクワクするものを作っていくための『器』でありたい。社員の皆さんがいてこその会社だと考えています」

だから自分の思ったことを、もっともっと言ってほしい、と三木さんは語ります。「こうしたらもっとよくなる」「目標を達成するためにこんなことをしたい」といった話を、今まで以上に発信してほしい。もっと自立的に動いてほしい。これからの会社を担うリーダーになるべき人たちに対して、三木さんはそんな期待をかけています。

言いたいことが言える雰囲気が皆に連鎖していけば、組織は絶対に変わるし、それは商品づくりにもいい影響を及ぼす。エンゲージメントの向上が組織にもたらす変化が、三木さんにはすでに見えているようです。社員へのメッセージとして、こんなことを語ってくれました。

「お客様本位、商品本位で進めていくためには、『お客様にとってこれが本当にいいのか、ダメならどうすべきなのか』を突き詰めていかなくてはいけません。人の顔色をうかがう必要はないのです。一人ひとりが言いたいことを言っていくことが、会社のためになり、結果としてお客様のためにもなる。そうやって喜びや満足を今まで以上につくっていこうではありませんか」

100年企業、大規模な変革にチャレンジ（株式会社福井）

創業100年を越す老舗企業、株式会社福井は、大胆な組織改革にチャレンジしています。新たな企業理念、行動指針の策定、分析ツールの導入など、積極的に組織改善の取り組みを進め、離職率の低下やエンゲージメント向上などの効果を上げています。

■「30人の社員がいたら、30人の個人事業主がいるような会社」

株式会社福井は刃物、DIYツールの総合商社。明治45年に創業し、大阪府堺市の地場産業である包丁をメインに、製造と卸から事業をスタート。昭和25年ごろに個人商店から株式会社へと組織化されました。顧客は商店街の金物屋が中心で、刃物以外にも手袋やノコギリなどの商品を同時に卸していました。1970年代からは量販店がメインの取引先になっていき、2000年代に入ってからはEC関係の取引先が増え、現在ではECと量販店が半々に。顧客の業種や需要も一気に多様化してきました。

代々家族経営の会社。6代目の社長に就任する予定の福井基成さん（現専務）が大手企業を経て2006年に入社した当時は、業績が非常に厳しい状況でした。まずは事業の回復に取り組んだ福井さんは、業績が上向いてきた2013年頃から、さらに業績を伸ばすために組織改革にも乗り出しました。

入社当時の会社は、福井さんいわく「30人の社員がいたら、30人の個人事業主がいるような状態でした」。組織化が不十分で、業務が属人化していたのです。それぞれが得意先を持ち、10年20年担当が替わらないということも。組織体制も「営業部」という大きなまとまりがあるだけでした。機能分化がされていないため、個々の役割や守備範囲がわかりづらく、新たに人が入ったときも戸惑ってしまうケースが見られました。

インターネットの登場以降、顧客の需要も多様化している中、業務が属人化した柔軟性を欠く状態のままでは時代の変化に対応できません。柔軟性と機動性を高めるため、新たに課を設け、顧客の業種などによってセクションを分けました。創業後初めて機能分化がされたのです。創業から100年を経て、大規模な変革が始まりました。

■新たな「基本方針・行動指針」をつくり、徹底する

組織構造の変革後、少し落ち着いたタイミングで「基本方針・行動指針」を策定。これも創業以来、初めての取り組みでした。以前からある経営理念「共に喜ぶ」にひも付ける形で、5つの基本方針、3つの行動指針がまとめられました。

社内には昔から、経営者サイドが社員を褒めるのが苦手で「男は黙って」というような風潮がありました。そうした空気を変えるために「社員、家族」を基本方針の上位に置き、「これからは、共に働く社員や社員の家族を最重視する」という意思表示をしました。一方で、行動指針の最初には「儲けよう」という言葉を置いています。これは長期低迷していた時期の反省から掲げたのだと福井さんは語っています。「ここに書かれていることは、106年間を振り返っての反省すべきこと、できていなかったことの裏返しでもあるのです」

策定以来、この指針に沿っていろいろな施策や判断が行われるようになりました。社員もそれを実感しているようです。たとえば、基本方針の2番目にある「家族」について。クリスマスの日に「家族でケーキを食べてね」と商品券が配られるようになりました。社員の家族にも好評だそうです。

福井の基本方針・行動指針

経営理念

「共に喜ぶ」

基本方針

1．社員
社員は会社最大の資産であり、企業永続の原動力。
会社は業績と共に社員の成長責任を担う。

2．家族
社員の最大の資産は家族であり、
会社は家族の豊かな生活に貢献する。

3．顧客
顧客の声は全ての原点になる。製品やサービスの
販売を通じて、有形・無形の価値提供を。

4．得意先
顧客の声は全ての原点になる。製品やサービスの
販売を通じて、有形・無形の価値提供を。

5．社会・近隣地域
共に当社の永続的パートナーである。当社は相互の
利害の間に立ちつつ、３者全ての利益を同時に追求する。

行動指針

1．収益の拡大「儲けよう」
企業永続のために持続的収益拡大を
目指そう

2．自他の成長「成長しよう」
会社での生活を通じて自他ともに
成長し、豊かな生活を実現しよう

3．誠実と配慮「気配りしよう」
誠実な行動と他者への配慮を
心がけよう

営業2課課長の岩森英喜さんは、「社員を大切に」という方針に関連して、印象的だった出来事があると語ります。「担当しているお客様からの発注が一気に増えたときがあったのです。ありがたかった反面、それまでの物流機能では出荷が追いつかないという危機に面しました。そのことを社長と専務に相談したら『物流倉庫を買おう』とすぐに言ってくれたのです。会社としての本気を感じました」

会社として大きな決断でしたが、そのままにしていてはお客様も社員も幸せにならない。事業をより加速させるための判断でした。

入社して3年の岩森さんは、会社のカルチャーを次のように語っています。

「ベンチャー的な挑戦をする風土と家族経営的な温かさがいいバランスで両立しています。私はこの会社が4社目で、スタートアップやトラディショナルな大手企業などさまざまな規模、スタイルの企業で働いてきました。その中でも、一番バランスがいいと感じます。経営陣との距離も近く、事業について話ができるのもありがたいです。提案にも耳を傾けて、すぐに返答してくれます」

■理想は「子どもに自信を持って勧められる会社」

創業以来初の大胆な組織改革を主導している福井さんですが、それが正しいかどうか、客観的に組織の状態を知りたいと考え、ｗｅｖｏｘを導入しエンゲージメントの測定を始めました。社員の声に耳を傾けるということに、福井さんは率先して取り組んでいます。

「風船は小さいうちに割れ、というやつです。悩みや不満があっても、聞いてもらえるだけでスッと肩の荷が下りてストレスが減るものです。それに、コミュニケーションは質より量。1on1も、マネジャー層とは1ヶ月に1回必ず実施するようにしました。仕事についてあれこれ聞くのではなく、『最近どう？』と、ざっくばらんな話をしています。マネジャーには全ての課員と、同じように月1回必ず1on1をしてもらっています。その効果か、1on1を始めてから離職率が急激に下がりました」

並々ならぬ熱意で組織改革に取り組む福井さん。彼を突き動かすのは、理想とする2つの組織像だそうです。

「ひとつは『自分の子どもに自信を持って入社を勧められる会社』。我々がアップルやマイクロソフトを目指しても彼らのような規模の会社にはなれないでしょう。しかし、彼らと同じくらい『働いてよかった』と思える会社は目指せるはずです。組織化して業務を効率化するのは業績向上のためでもありますが、働きやすい会社にするためでもあります。これまでのような、成果主義で長時間労働が当たり前といった価値観でいては、自分の子どもに入社してほしいとは思えませんから。社員やその家族を大切にするという基本方針にも、この理想が反映されているのです」

「もうひとつが『自分がいなくても機能する会社』です。今は、まだビジネス面も組織づくりも私が主導しているところが大きい。これからはマネジャー層が主導して、取り組んでもらいたいと考えています。人がどんどん成長していって、各セクションのリーダーが、私の言っていることを部下に伝えてくれると最高ですね。変化の激しい時代には、そのようにしてリーダーを複数化していった方が、絶対に組織としての強さが出てくる。これまではトップダウン型の組織で１００年以上やってきましたが、意思決定がうまく分散される組織になるよう、これからも失敗を恐れずに挑戦し続けたいです」

エンゲージメント向上のため先進企業は何をしているのか

業種業態の異なる3社の事例から、エンゲージメントの測定についての受け止め方や経営への活かし方について、ある程度のイメージをお持ちいただけたのではないかと思います。

一方で読者のなかには、どのような状況ではどのような施策をとるとよいのか、具体的なアクション例をもっと知りたいという人もいるでしょう。

エンゲージメントを高める試みに絶対の「正解」はありませんが、回答例を知ることは自社での取り組みのヒントになるはずです。以下、9つのキードライバーそれぞれについて、「DIO」で紹介されたアクション例を1つずつご紹介します。

■［職務］事業に対する意識の幅を段階的に引き上げる（株式会社福井）

やりがいを醸成し、仕事に楽しんで取り組んでもらうためには、どのような働きかけが効果的でしょうか。先ほど組織改革の取り組みを紹介した株式会社福井では、社員の事業への意識の幅を段階的に引き上げることで、やりがいを生み出しています。

若い社員に責任ある仕事をどんどん任せるという同社。思い切って仕事を任せることで、主体的に仕事に取り組む姿勢が育ってきます。

ある程度仕事を覚えた社員には、視野を広げるための課題を提示。たとえば、「今の課の売上を5年後にいくらにするか」という将来構想を描いてもらうそうです。戸惑う社員もいるものの、「自分たちの将来だから、自分たちで考えることに意味がある」と伝え、意識の変化を促します。描かれた将来構想を会社全体の構想に照らして議論することで、事業を考える目が育ってきます。

「職場ではいくら『仕事って楽しいよ』と言っても効果的ではありません。楽しくなるために必要なことを問いかけたりして『仕事のことを考えるのって楽しいね』と気づいてもらうアプローチが大事です」（営業2課 課長　岩森英喜さん）

■【自己成長】多様なフィードバックで成長機会を生み出す（株式会社SmartHR）

「チームメンバーの頑張りが、社内全体にはうまく伝わっていない」という課題意識から、SmartHRでは、個人の取り組みを社内に知ってもらえるように、仕事の経過と結果をしっかりとアウトプットし、社内ツールで共有することを奨励しています。経過と結果以外に改善策や所感などもまとめるよう促しており、そのためメンバーの思いや課題解決のポイントなどが伝わりやすいようです。

「他チームのメンバーからもフィードバックをもらえるため、新たな成長機会を得られる良い環境でもあるのではないでしょうか」（執行役員・カスタマーサクセスチームマネージャー　高橋昌臣さん）

■【健康】禁煙手当、ジム手当でメンバーの健康をサポート（株式会社ハッシャダイ）

ハッシャダイでは「禁煙手当」と「ジム手当」という2つの手当制度を導入しています。どちらもwevoxの「健康」スコアが低かったことがきっかけでスタートしたものです。禁煙手当は、その名の通りタバコを吸わない人に手当が出るというもの。ジム手当は、通勤前後にジムに通う費用を支給する制度です。

「健康面だけでなく、メンバーが誘い合って通うことで、共通の目的を持つという社内コミュニケーション上のメリットもあります」（人事部　若林涼さん）

■【支援】個々のメンバーに、クレーム対応用の予算をもってもらう
（株式会社ギフトモール）

自分のチームのメンバーに裁量を持たせることに不安を覚えるマネジャーも多いものです。誰にどこまで任せるのか、全体のクオリティーはどうやってコントロールするのか。

ギフトモールでは、カスタマーサポートメンバー（お祝いコンシェルジュ）に「クレーム対応用の予算」を付けています。

たとえば、商品破損のクレームがあったとき、メンバーは割り当てられた予算に応じて、すぐに再送する、代替品を送るなど、各自が即時に判断できます。対応もすべて事後報告でOKとされています。

「お客様対応中、その場ですぐに次の対応を答えられると、コンシェルジュ本人もお客様もストレスが大きく減りますよね。こうした職務上の支援を通して、メンバーもお客様も笑顔になれるようにしていきたいです」（経営企画室 執行役員　金澤永治さん）

■【人間関係】経営陣と社員がランチに行く「シャッフル1on1」（and factory株式会社）

and factoryでは、社員が経営陣と2人でランチに行く「シャッフル1on1」という取り組みが行われています。シャッフル1on1をすることで、普段交流する機会のない人の思いや考えがお互いに分かります。また、1on1を通して考えを発信したり、聞かれたことに答えたりすることで、自分では意識していなかった思いや考えに気付けるというメリットもあります。ランチタイムで行うのは、気軽に話ができるようにという配慮から。

「シャッフル1on1があることで、社員にとってポジティブな影響を生み出せていると思っています」（執行役員　梅谷雄紀さん）

■【承認】社員が仲間に「感謝の言葉」を送る「感謝箱」制度（株式会社ホワイトプラス）

仲間を賞賛する風土を築くにはどうしたらよいでしょうか。ホワイトプラスでは、社員が仲間に「感謝の言葉」を送る「感謝箱」制度を活用し、効果を上げています。

以前は個人を対象とした表彰制度があったという同社。チームで仕事をしているから個人表彰はふさわしくない、という社内の意見から生まれたのが「感謝箱」制度です。

1カ月を振り返り、些細なことでもいいから、仲間のありがたかった行動を投稿するというもの。投稿された感謝メッセージは集計して1つのレターにし、給与明細に同封して渡されます。レターには手作り感や温かみがあり、社員にも好評。月末に投稿を促す「投稿タイム」を設けている効果もあって、毎月多くの投稿が寄せられているそうです。

「経営陣からの感謝の言葉が投稿されるのも社員には好評ですね。『いつも陰で支えてくれてありがとう』『あのときこんなフォローをしてくれて感謝しているよ』など。社員からも嬉しいという声が上がってきています」（組織開発グループマネージャー　田中雅子さん）

■【理念戦略】行動指針浸透のコツは「覚えやすさ」と「継続的な進化」（ｆｒｅｅｅ株式会社）

ｆｒｅｅｅでは行動指針としている5つの価値基準を、意識的にキャッチーで覚えやすい言葉に改善しました。また、価値基準の継続的な進化を目的とした「価値基準委員会」を組織し、さまざまな取り組みを行っています。

たとえば、印象的なキャッチコピーを使って価値基準を訴求するポスターをトイレに掲示（日常的に価値基準を訴求）、新たな価値基準について全社合宿でディスカッション（メンバーの課題感を抽出）、価値基準についてエピソードを交えて話し合う1on1の実施（解釈の共有）などです。

「気を付けているのは、個々人の価値観や役割などから生じる、価値基準への細かい解釈の違いを問題視しないことです」（メンバーサクセスチーム　西村尚久さん）

修正すべき解釈のずれがある場合は時間をかけて対話するとのこと。こうした取り組みにより、アンケートで価値基準の浸透率99％という結果をコンスタントに出しています。

■【組織風土】メンバーに他事業部のリーダーと交流してもらう（レバレジーズ株式会社）

レバレジーズでは、グループ企業全ての事業部を横断して交流を行う「LCP（Leverages Cross departmental Program の略）」を積極的に行っています。その活動の一環として行われるのが「事業部横断交流会」。そこでは各チームのメンバーが他事業部のリーダーに「うちのチームではこういう課題があって悩んでいます」と質問できる機会を用意しており、メンバーが視野を広げる機会になっているそうです。

「その効果はとても大きく、他事業部のリーダーからのアドバイスによって新たな視点を得て、物事がよく理解できるようになったメンバーも少なくありません」

視野が広がることで、自分たちの組織の課題にも自然と目が向くようになるとのこと。他事業部の話を参考に、「うちのチームでもやってみよう」という前向きな発言が増えるなど、主体的に組織の課題解決に取り組む文化につながっているそうです。

■【環境】フルで休まない、フレキシブルな育児休暇

(アシアル株式会社)

アシアルでは、「必要な時だけ働いて、それ以外は育児の時間に使う」ことが可能な育児休暇を取り入れています。すでに2人の男性社員が取得済み。育児休暇中の勤務日には、業務の内容上どうしても必要がある場合は出社してもらうこともあるものの、基本はリモートワークになります。完全に休まなければいけないと考えると休暇取得のハードルが高くなりそうですが、フレキシブルな形も可能とすることで、男性の育休取得も後押しできると同社は考えています。

「最初の取得者の例では、取得期間は4ヶ月。いつ職場に復帰するのかは、夫婦間での仕事の都合や、子供を預ける時期など、個人によって都合がありますので、話しながら詳細

を決めるようにしています」（取締役 マーケティング・事業開発担当　塚田亮一さん）

いかがでしょうか。ＤＩＯではこうした事例を他にも多数掲載しており、その数も順次増えています。もっと多くの事例を知りたい人はぜひサイト https://wevox.io/media/ をご覧ください。

第 6 章

エンゲージメントで組織はこう育つ

──アトラエでの取り組み

エンゲージメント経営で組織はどう変わるのか

前章で、さまざまな会社でのエンゲージメントへの取り組みをご紹介してきました。多くのヒントを得ていただけたことと思いますが、エンゲージメントが注目されるようになったのは最近のことで、取り組みもまだ始まったばかりのものが大半です。読者の中には、「実際にどのような効果が出るのだろうか」と思う人もいるかもしれません。

そこで、一社の事例にはなりますが、早くからエンゲージメント重視の経営を行ってきたアトラエでの取り組みについてご紹介したいと思います。業種や組織規模など、読者のみなさんの会社とは条件面で大きく異なるところもあるかもしれませんが、「エンゲージメント重視の経営を続けていくとどうなるのか」をイメージしていただく参考になるのではないかと考えています。

■創業時からエンゲージメント志向

アトラエにおけるエンゲージメント経営は、創業時に始まっています。

大学生のときに友人とともにイベント企画・運営の事業を手掛け、ビジネスのおもしろさを感じていた著者の新居は、就職活動の時期にいろいろな会社を回るなかで、いきいきと仕事をしている人、仕事について楽しそうに語る人が少ないことに疑問を持ちました。

会社のウェブサイトに載せている「創業の思い」には、以下のように書いています。


私が就職活動をしていた1997年当時は、インターネットがまだ普及しきっておらず、携帯電話も学生の1/3くらいは持っていない、まだそんな時代でした。もちろん当時はGoogleさえも存在していません。

そんな時代に電話帳のように分厚い就職情報誌を頼りに就職活動をしていたわけですが、どこの会社の説明会に行ってもどうしても興味が湧かない。自分の人生の貴重な時間を投資して、本気で何かを目指したいと思える仲間に出会えない、そんなもどかしさに苛立っていたことを覚えています。

そんな一方で、アスリートやアーティストといった人たちに対しては一種の憧れがありました。

まさに「情熱大陸」や「プロフェッショナル」で特集されるような人達です。

彼らは本気で夢や目標に向かって仲間と共に切磋琢磨しながら日々を過ごしている。ではなぜビジネスという世界においては、彼らのように本気で夢や目標に向かって切磋琢磨しているようなチームが見つからないのか、なぜ出世や肩書、給与などばかりに関心が向けられているのだろうか。そんなことを疑問に思っていました。

一般的な社会人であれば、仕事に関わる時間は家族と過ごす時間以上に長いことがほとんどでしょう。

その時間が家族の生活を支えるためだけのものだとするならば、少し寂しく感じます。

「たった一度の人生だからこそ、最高の仲間と世の中に価値ある何かに挑戦し続ける人生でありたい」

いつしかそんなことを考えるようになりました。

しかしどれだけ探してもビジネスの世界にはそんなチームは見当たらない。

であれば自分で作ればいいじゃないか。そんな想いからいつしか起業を志すようになりました。

これが創業の原点となっています。「アスリートのチームのように、全員が本気でチームの夢を追いかけられる、そんな理想の組織を創ってみたい」。当時はエンゲージメントという言葉は知りませんでしたが、エンゲージメントの高い組織をつくることが、そもそも創業の目的だったのです。起業したときも、理想の組織を創りたいという思いが先にあり、その時点では具体的なビジネスプランはありませんでした。HRの領域でテクノロジーを活用したサービスを提供するという方向性は、その後の試行錯誤のなかで見出したものです。

性善説に基づく経営——一人ひとりが主体的に働く

組織経営のイノベーションを起こすことを目指して、アトラエでは2003年の創業以来、さまざまな新しい取り組みをおこなってきました。たとえば、以下のような制度や取り組みがあります。

■出世・肩書を撤廃。上下関係のないフラットな組織

アトラエの社員には、課長やマネジャーといった役職・肩書がありません。株式会社として法的に必要な役職（取締役）だけは置いていますがそれ以外の役職は一切なし。インターネットサービスの会社ですから、エンジニア、デザイナーといった職種はありますが、上下関係はないフラットな組織です。プロジェクトごとに必要な人員でチームを組んで仕

事をしています。

役職がないため事実上、「出世」がありません。全員が対等なので、誰かをボスにした「派閥」が生まれることもありません。一人ひとりが主な役割を担いつつ、臨機応変に協力し合うカルチャーがあります。

上下関係は、しばしば自由な発想や率直な意見交換、柔軟な行動を妨げます。変化の激しいインターネット業界において、柔軟性や変化への適応力はきわめて重要です。アトラエが上下関係をできるかぎり排除しているのは、そのためです。

上下関係がないと言うと形式上の話と思う人もいるようですが、社員の実感としても「フラット」な感覚は定着していると思います。ある社員はアトラエの組織文化について「皆の意見や主張を客観的に捉えて意見する文化がある」と語っています。

「かなり年の離れた先輩の言っていることであればなんとなく正しかろうと思う会社が多いと思うのですが、僕らは主眼に置いている『フラット組織』の名の通り、誰が発言したかではなく、何を発言したかで判断しています。誰でも平等に意見が言えることが事業・組織の双方においていい影響をもたらすと思っています」

■360度評価と「Pay for Contribution」

上下関係がないため、上司がいません。そうすると社員の評価を誰がどのようにやるのかが難題となります。アトラエでは、周囲の同僚たちから評価を受ける、いわゆる360度評価を2017年から取り入れています。

生み出した「成果」で評価するPay for Performanceという考え方がよく言われますが、何をもって成果と判断するのかには難しさが付きまといます。たとえば、営業の仕事などには売上や受注額といったわかりやすい数字がありますが、バックオフィスの仕事では成果を数字で語ることが困難です。

アトラエでは、Pay for Contribution、つまり成果ではなく「貢献」を評価するという考え方をしています。売上などの目に見える成果に限らず、会社のためになっていること、ビジョンの実現に近づくようなことを「貢献」と捉え、評価するのです。

たとえば、営業を担っているベテランの社員で、営業成績が若手に負けている人がいたとします。成果（パフォーマンス）だけで見れば若手に追い抜かれてしまう所ですが、「組織への貢献」に意識を向けて360度評価を行うと、そのベテラン社員は若手のよい相談相手になってくれているとか、人柄が穏やかで一緒に仕事をしていると安心できるとか、さまざまな「この人がいると助かる」というポイントが見えてくるかもしれません。こうしたことも組織への貢献と捉えられ、評価されるのが望ましいと考えています。

もちろん、それを給与額という数字にどう反映していくのか、難しさは残ります。しかし、完璧な制度はどこにも存在せず、アトラエの仕組みもまだ完成とは考えていません。試行錯誤しながら、エンゲージメント測定の結果も見ながら、改善を重ねていくことが大切でしょう。

それに給与については、金額だけではなく、「納得感」がエンゲージメントを高める上で重要です。評価の仕組みについて社内で丁寧に議論を行うこと、そこに社員の声を取り入れていくこと自体に意味があると考えています。

■全従業員に情報開示

アトラエでは、あらゆる経営上の数値が社員全員に公開されています。誰もがCEOと同じレベルの情報を見ることができるようになっているのです。

これは、メンバー全員が経営視点を持ち、自ら考え能動的に動くことを推奨しているからです。誰もが会社全体の状況について知っている、どんな情報も必要に応じて知ることができる、という状態にすることを徹底しています。そうすることで、意思決定のスピードが上がる、全社の連携がスムーズになるといった効果があると考えています。

■全社員が株主

全員が経営視点を持つ、ということに関していえば、さらに踏み込んだ施策として、アトラエでは全社員に自社の株式を付与しています。

もともとアトラエの社員は当事者意識が強いのですが、名実ともにオーナーシップを持ってもらいたいと考え、２０１６年に実施しました。全社員が株主になるというのは、コ・オーナーシップと呼ばれ、欧米ではいくつか実例もある取り組みです。

上場企業では「従業員持株会」を置いている会社が多いのですが、これは従業員が給与天引きで自社株式を買っていく仕組みです。加入するかどうかは従業員個々人が判断します。従業員の資産形成をサポートするとともに、安定株主をつくる意味合いがありますが、全社員に経営視点を持ってもらうという意図には添いません。

アトラエで行った施策は、従業員に任意で自社株を「買ってもらう」のではなく、全従業員に「与える」もので、前例のない取り組みでした。

給与を株式のかたちで支給することは労働基準法上できないことになっていますので、まず付与する株式と同等の金額の金融債権を支給し、それを株式に換えるという仕組みをとっています。リストリクテッド・ストック（特定譲渡制限付株式）というものですが、これは日本で初めて使われたスキームで、法的に問題がないかを弁護士事務所と協議するなど、準備にはずいぶん手間がかかりました。

なお、付与した株式は35名の社員各人に100株、当時の時価で100万円相当です。

■子連れ出社OK、多様なワークスタイルを支援

子育て中の社員もいるため、働きやすいよう、子連れで出社してもよいことにしています。子どもが病気のときなど、必要に応じて自宅でリモート勤務することも可能です。いずれも逐一許可を得る必要はなく、社員の自己判断に任せています。

アトラエのオフィスには、15時を過ぎた頃から社員の子どもがやってくることもしばしばあります。放課後に会社に来て、親の仕事が終わるまでここで待つのです。空いたテーブルで宿題をしている姿をよく見かけます。

また、家庭の事情で、北海道で勤務している社員もいます。テレビ会議等でコミュニ

ケーションをとりながら、遠隔地でも可能な仕事をしています。

アトラエの経営は「性善説に基づく経営」。一人ひとりを信頼し、意欲ある社員ができるだけストレスなく働けるよう協力し合っているのです。

なお、住宅手当の付与により、社員の約9割が会社から2・5キロメートル圏内に住んでいます。これは満員電車によるストレスをなくすだけでなく、仕事と家庭との両立にも好都合だと考えています。また、社員同士の「飲みニケーション」やレクリエーションの活性化にもつながっています。

■サバティカル3

サバティカルとは、一定期間勤務した後に与えられる長期休暇のこと。「サバティカル3」は、3年ごとに1ヶ月間の休暇が取れる制度です。まだ導入したばかりの制度ですが、ご紹介しておきます。

1ヶ月ぐらい長い休みがないとできないことも多くあります。人生は一度切りなのに、やりたいことができないまま仕事だけして年月が過ぎていくのでは残念です。

あるとき、「子どもの受験がこのままだと危なそうだから、家庭教師するため1ヶ月間、有休を取りたい」と言ってきた社員がいました。

このように有給休暇で長期間休むことも可能ではありますが、よほど強い思いがないと言い出しにくいものでしょう。でも人生においてはこの社員の例のような時期もありますし、やりたいことをやるために長期間休むことを、もっとみんながやっていい。そこで制度化し、3年勤めたら1ヶ月連続の休暇が取れるようにしました。厳密に言えば、最低2週間、最長4週間の範囲で休みを取ることを義務付ける制度です。まとまった休暇をとってもらうことが制度の趣旨ですので、1週間の休みを4回など、複数回に分けて取得することはできません。

なぜ3年ごとなのか、なぜ最長1ヶ月なのかは、仕事にも支障を来さず、かつ休む人が十分に満足できるという観点で検討して決めました。これは会社の業務内容や規模によっても適したバランスが異なると思います。

この制度は、リフレッシュして生産性を高めるとともに、社員の幸福度を高めることがねらいです。1ヶ月の休みをどう使うかは人それぞれ。語学留学するという社員もいました。代表の新居も近いうちに取得して家族でハワイに行くつもりです。

売上高も個人の生産性も順調に伸びてきた

このように、アトラエではエンゲージメントを重視した経営を行ってきました。アトラエ社内でももちろんｗｅｖｏｘでのエンゲージメント測定を行っており、全体的に非常に高いスコアとなっています。

左の図は創業以来の売上高と社員一人当たりの生産性の推移を表しています。事業が着実に成長してきたことに加えて、社員の生産性が向上してきたことは、エンゲージメントを大切にした経営を行ってきた結果だと考えています。市場にも評価していただいており、株価も堅調に上昇、マザーズから２０１８年６月には東証一部へと指定替えになりました。

実をいえば、創業以来一貫して組織経営のイノベーションに取り組み、新しい取り組みを行ってきたにもかかわらず、ごく最近までそれについて外向けに発信することは控えて

アトラエの業績推移

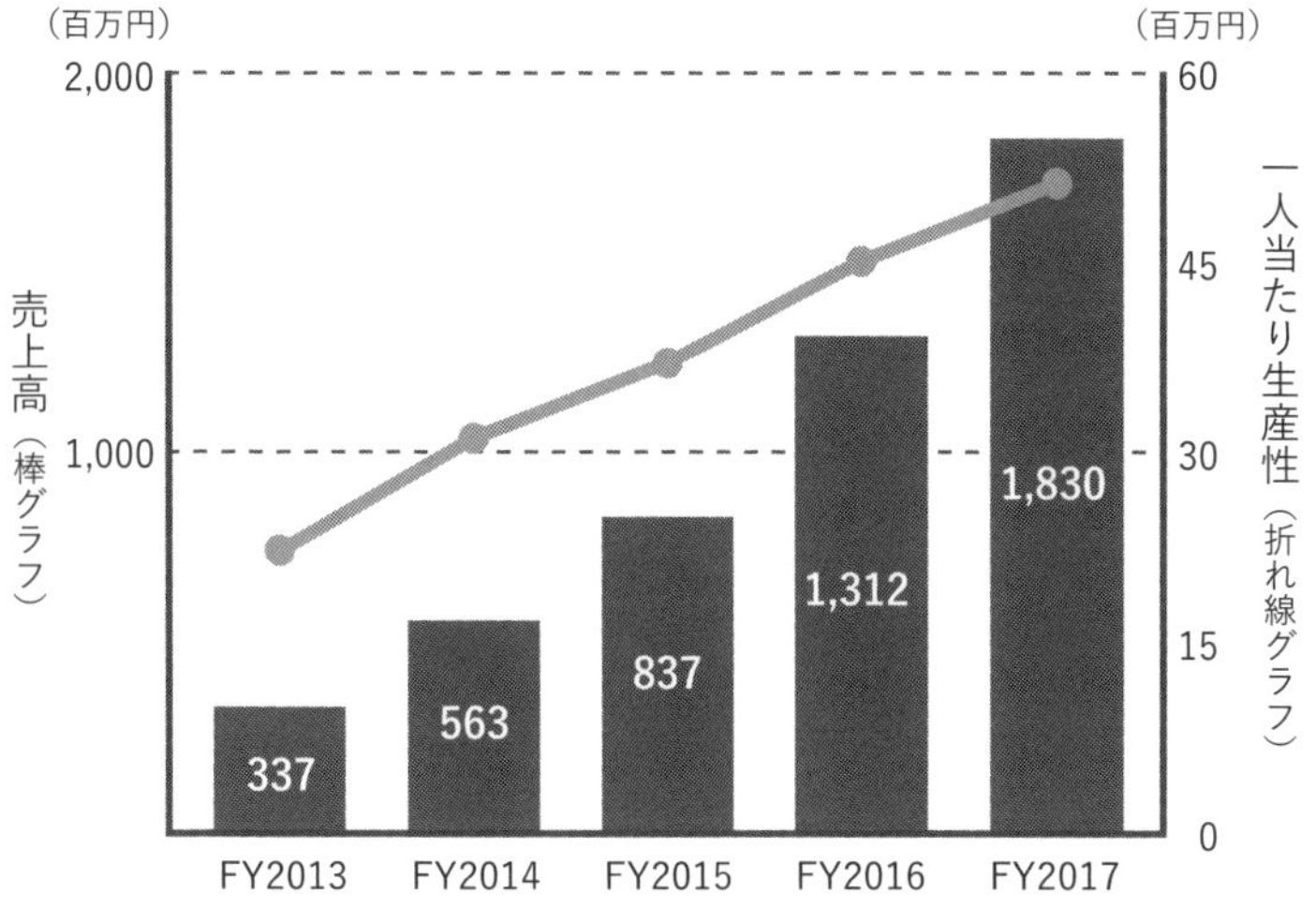
(百万円)
(百万円)
2,000
1,000
売上高(棒グラフ)
60
45
30
15
0
一人当たり生産性(折れ線グラフ)
337
563
837
1,312
1,830
FY2013
FY2014
FY2015
FY2016
FY2017

きました。どれだけ先駆的な組織づくりに努めていたとしても、ビジネスの実績が伴わなければ本末転倒ですし、「小さなスタートアップだからできることだ」と片付けられてしまいかねません。しかし業績も伸び、社会的にも一定の評価をいただけるようになってきたことで、エンゲージメント重視の経営への確信がさらに深まりました。この有効性を伝え、広めていくことが、自社の大切な役割のひとつだと考えています。

■いちばん大切なのはメンバー個々人を知ること

エンゲージメントについて社外の方々にお話をする機会が増えるにつれて、経営者の方や、マネジャー、チームリーダーの方などから、エンゲージメントを高める方法についてご相談をいただくことも多くなりました。「エンゲージメントを高めるために、自分はまず何をするべきでしょうか」と聞かれます。

唯一絶対の正解はなく、答えは各社の方々が自分たちで見出すべきものではありますが、ひとつ普遍的な視点として、「いちばん大切なのは、相手を知ること」だということをお伝えしておきたいと思います。

「〇〇さんは、自分の職場のメンバーの性格とか、どんな理由で会社に入ってきたのか、何をしたくて会社にいるのか、知っていますか」と質問すると、多くの人が満足に答えられないのです。メンバーの趣味も知らないことが多いようです。読者のあなたはいかがでしょうか。

メンバーのことをよく知らないのでは、エンゲージメントを高めるのは不可能でしょう。一人ひとりが何をしたくてこの会社に入ったのか、何にやりがいを感じているのかを把握し、強みを生かせる仕事を任せたり、不満や不安を理解してサポートしたりすること。これが、どんな組織においても大切なポイントになると思います。

こういう話をすると、「小規模な組織なら可能だが、大企業では難しい」といったことを言う人もいます。たしかに人数が増えれば増えるほど、一人ひとりについて十分に知ることは難しくなりがちです。それならまずは、自分の身近なところから始めてほしいと思います。1つの部署でも1つのチームでも、お互いを知り合いエンゲージメントの高いチームをつくり、それが生産性の向上など目に見える変化につながれば、周囲にも広がっていくのではないでしょうか。

働く人たちが自ら声を上げ、組織改善に取り組もう

前章と本章で、エンゲージメント向上策のさまざまな実践例を紹介してきました。マネジャーやリーダーにとっていちばん大切なのは一人ひとりを知ることだという話は、言い換えれば、働く人たち一人ひとりが認識され、耳を傾けられるべき存在だということです。さらに言えば、働く人たちが自ら声を上げることが大切だということです。「私たち（we）」と「声（voice）」に由来する「ｗｅｖｏｘ」という名前にはそんな思いをこめています。

組織改善は、社内の人たち自身が声を上げ、取り組むべき課題です。「ｗｅｖｏｘ」に対して、測定結果をもとにアトラエはコンサルティングをするつもりなのか、と聞かれることがありますが、基本的には考えていません。要所でコンサルティング会社から何らかの知見を得ることが必要なタイミングもあるかもしれませんが、元来、組織づくりは終わり

のない継続的な取り組みです。決して外部任せにせず、自分たちで取り組んでいかなければならないのです。だからこそ、社員が自ら声を上げること、声を上げるカルチャーをつくることが不可欠です。

特に知識産業では、それは生産性に強く影響を与えます。すでに触れたように、ブレーンストーミングでも、エンゲージメントの高い社員がするのと、低い社員がするのとでは、生産性がまったく異なります。日々の会議において社員が自ら声を上げる文化があるかどうかは、中長期的に会社の業績に非常に大きな違いをもたらすはずです。

たとえば、先ほど紹介した360度評価については、社員からの声を受けて評価の軸を修正したことがあります。50人ほどの社員のうち20人を占めるエンジニアの社員たちが、当時の評価方法に対して、「自分たちのようなスペシャリストよりも、ジェネラリスト型の人材の方が高く評価されやすいのではないか」と疑問を示したのです。そこで検討の結果、評価軸を微修正しました。完璧な制度とは言えませんが（完璧など存在しませんが）、声を上げてくれたおかげで、全メンバーがより納得できる仕組みに近づいたと感じています。

アトラエの事業戦略には、代表の新居が考えたものだけでなく、社員間の議論から出てきた戦略もあります。社員が発案した事業もあります。全員のエンゲージメントが高いことが、さまざまなアイデアが生まれる風土を育んでいると思いますし、たくさんのアイデアを皆で議論して練り上げていくことができるのは、大きな強みになっていると感じています。

■誰でも、どんな意見でも言えるカルチャーから未来が生まれる

グーグルでは、全社員が経営者に対してどんなことでも質問できる、「Ask Me Anything」というセッションが定期的に開催されています。アトラエでも同様の取り組みを始めました。社員のみんなが記名・無記名で自由に意見や質問を出し、それが社内の壁に張り出されます。出された意見・質問には必ず回答しなければなりません。戦略について、サービス改善のアイデアについて、評価制度についてなど、毎回さまざまな意見が出てきます。なかには「社員の健康のために、朝食を社食として提供してほしい」といった、ちょっと驚くようなコメントもあります。

もちろん、有益なアイデアが出るとは限りませんし、すべてを採用することもできませんが、どんな意見でも言える場を設けることで、組織内の心理的安全性は高まります。そ

のためなら、良いアイデアが出てこず、時間の無駄のようになったとしても、問題ではありません。

突拍子もないアイデアも、ちょっとした時間の無駄も、許容しながら、日頃から社員が自由に声を上げげられるカルチャーを育てていくこと。そのような、より自然な、より人間的なカルチャーの中から、未来が生まれてくるのではないでしょうか。

最終章では、組織のこれからのあり方について、よりマクロな視点も含めて考えてみたいと思います。

第 7 章
これからの組織とエンゲージメント

エンゲージメント向上こそ、重要かつ喫緊の「経営課題」

ここまで読んでこられた方には、エンゲージメントの重要性を十分に理解し、取り組み方のイメージもかなり具体的にお持ちいただけていると思います。

ぜひ、今日からでもエンゲージメントへの取り組みを始めてほしいところですが、どんな会社にもさまざまな課題があるものです。エンゲージメントの優先度や緊急度について、迷う方もいるかもしれません。

しかし著者二人が強調したいのは、エンゲージメントの向上は「人事の課題」ではなく、「経営課題」「マーケティング課題」であること、それも最重要の課題だということです。

日本航空（ＪＡＬ）の再生について先述しました。それまで航空業界とは無関係だった稲盛和夫さんが、なぜ劇的な再建を実現できたのか。コンサルタントが優れた事業戦略やオペレーションの改善策を持ち込んだわけではありません。稲盛さんが「ＪＡＬフィロソフィ」によってエンゲージメントを高めたら、以前からいた社員たちが施策を考え、実行したのです。優れた人材は社内にいたのです。にもかかわらず、人を活かせていなかったために、前代未聞の規模の経営破綻に至ってしまった。逆に、人を活かすことができたら、一気に業績は回復したのです。

スポーツをイメージしてください。目の前に、意欲の低い選手たちがいるとします。誰も勝てると思っていない、本気で勝とうと思えていない。そんな状態のチームに対して、やるべきことは何でしょうか。戦略を語ったり、技術指導をしたりすることだけではありません。まず個人とチームに意欲を持たせることです。エンゲージメントを高め、個々人の本来持っている力を発揮できるようにすることが、何よりも先にやるべきことなのです。

■スポーツ界でも、優れたチームはエンゲージメントが高い

スポーツ界には、エンゲージメントの観点でビジネスの参考になる事例がたくさんあります。

平昌オリンピックで銅メダルを勝ち取り話題になった、女子カーリング日本代表チーム（LS北見）。北海道出身のメンバー5人の見事なチームプレーは、きわめて高いエンゲー

ジメントを示していました。チーム創設時からのスローガン「キープ・スマイル」「ステイ・ポジティブ」は、会社でいえば企業理念です。5人は実際、笑顔を絶やすことなく、常にポジティブな言葉をかけあってプレーしていました。話題になった北海道弁の「そだねー」は、相手の発言を承認する言葉です。試合中に交わす短い言葉一つ一つに際して「そだねー」と相手を認め合い、「OK」「ナイス!」といったポジティブな言葉をかけ合う。心理的安全性を高める、エンゲージメント視点のチーム行動と言えるでしょう。コラムニストで人間関係コンサルタントの木村隆志さんは、5人の次のような行動も指摘しています。

試合を見ていて気づいた人も多いと思いますが、LS北見のメンバーは、プレーが成功しても失敗しても、同じようにハイタッチをしています。ここで注目すべきは、「私たちわかり合っているよね」と心の中で済ませるのではなく、ハイタッチという肌を通したコミュニケーションを取っていること。ポジティブさを保つためなら会話だけで十分ですが、チームワークを保つうえで約束事にしているのです。

ハイタッチは、「成功したら一緒に喜び、失敗しても一緒に切り替えよう」というチームワークの象徴。これを各エンドの終了時に必ず行うことで、チームワークを再確認し合い、次のプレーに向かえるのです。[1]

もうひとつ挙げると、箱根駅伝4連覇を達成した青山学院大学陸上競技部も、エンゲージメントの高いチームの好例と言えるでしょう。

同大学では2017年にwevoxを使って陸上競技部長距離部門部、硬式野球部等の部員のエンゲージメントの測定を行いました。すると、チームのパフォーマンスと、メンバーのエンゲージメントの間に一定の相関が見られたのです。好成績を上げたチームのエンゲージメントは総じて高いスコアを付けていました。

この結果を受けて2018年夏からはアトラエと青山学院大学の共同研究がスタート。各部で継続的にwevoxによるサーベイを実施し、エンゲージメントスコアに基づいて部員自らが組織課題を特定、改善策をとるとともに、以後のスコアと競技パフォーマンスを測定・分析していくことになっています。[2]

このように、チームスポーツには参考になる事例がいくつもあります。やや感覚的な話になりますが、日本人には本来、団体競技に向いている性質や、チームに対するエンゲージメントを持ちやすい資質があるのではないでしょうか。オリンピックなどで選手のインタビューを見ていると、個人競技では選手の負けん気や向上心の強さを感じますが、団体競技になると、責任感とか、チームへの貢献意識を語る人が多いと感じます。いつも頑張ってくれるメンバーが失敗した後、今日こそ自分がやらなければと思った、とか、今まで助けてもらったのでそれを返そうという思いでやりました、とか、チームの関係性に根差した思いを語る人がとても多いです。「One for all, All for one」のような感覚を、自然に共有することができるのが、日本人の強みなのではないでしょうか。

だからこそ、ビジネスの世界でも、もう少し上手にエンゲージメントを高められれば、日本企業と日本人の生産性は大きく高まるのではないか。そんな期待を著者二人は抱いています。

エンゲージメントが高い組織のイメージがわかない人には、自分のスポーツ経験を振り返ってみることをおすすめします。部活動でも何でも、みんなで優勝をめざしてがんばった経験を思い出してください。ご自身が熱中して取り組んでいたことを思い出し、あの頃のような雰囲気の中で仕事ができたらどうだろう、とイメージしてみるのです。

■ユーチューバーより会社勤めを魅力的にしよう

著者の新居が就職活動をしたとき、いきいきと働いている人に会うことができず違和感を覚えたことはすでに書きました。スポーツでも、アーティストでも、チームで楽しそうにやっているのに、ビジネスパーソンだけがあまり楽しそうに見えない。そんな感覚がありました。現在の学生はどのように感じているのでしょうか。

昨今、子どもの「将来なりたい職業」の上位にユーチューバーが挙げられることが、しばしば問題として話題になります。ユーチューブに自分の動画を載せることで収入を得るということが、多くの大人には真っ当でないものとして映ります。しかし、それは普通のビジネスパーソンが魅力的に見えていないことの裏返しかもしれません。

世の中のビジネスパーソンの平均通勤時間は、往復で1時間40分だそうです。片道50分。首都圏の標準的なビジネスパーソンなら、朝だいたい同じ時間帯に出勤しますから、基本的には満員電車でしょう。神奈川・埼玉・千葉に入ったあたりから都心部まで50分、満員電車に揺られて通勤するのが標準的なスタイルというわけです。おそらく70歳ぐらいまで働く時代になりますから、そういう生活を50年間続けることになります。

このような働き方をユーチューバーと比べてみるとどうでしょう。子どもの目に、自宅で楽しそうなことをして仕事になっているユーチューバーの方が魅力的に映ったとしても無理はありません。しかも売れっ子のユーチューバーには年収1億円以上の人もいるそうです。満員電車で50年通勤し続けるよりユーチューバーの方が、子どもの人生にとって良いのでは、と思えてこないでしょうか。

それでも著者の2人は、チームでビジネスをするほうが、ユーチューバーよりずっとおもしろいはずだと思っています。

アトラエで働いているメンバーはみんな楽しそうにいきいきと仕事をしています。ユーチューバーは自由で楽しいかもしれませんが、仲間といっしょに何かをやり遂げる喜びは得にくく、やっぱり物足りないのではないでしょうか。1人ではできないことが、チームではできます。優れたチーム・組織をつくれるならば、会社で働くことは、ユーチューバーより楽しくおもしろいものになるはずです。

同様に、組織に縛られないフリーランスの働き方を持て囃すような風潮には、違和感を覚えています。エンゲージメントの低い会社があまりにも多いからフリーランスが魅力的に映るのだと思いますが、エンゲージメントの高い会社であれば、会社というチームで仕事をするほうが、ずっとエキサイティングで、やりがいを得られるのではないかと思うのです。

チームが素晴らしいのは、弱いところを補完し合い、強いところで戦えることです。個人でやっていると、何でも自分で頑張って、いろんなことをしなければならない。苦手なことも自分でなんとかしないといけない。確定申告が面倒だと愚痴をこぼす人も多いのでは。会社では、それぞれの得意なことを活かして、みんなで前に進んでいくことができます。

ユーチューバーより、会社で働いている大人のほうが、楽しそうで、いきいきしていて、魅力的だ。子どもたちがそう思えるような組織づくり・チームづくりをしていきたいものです。

組織はオープン化し、マネジメントは「支援」になる

エンゲージメントの向上が大きな課題となっている今日、マネジメントのあり方に大きな変化が求められています。

多くの日本企業では、現場経験を積んだ人がやがてマネジャー（管理職）になり、出世を重ねれば経営者になるというキャリアパスがごく普通に存在します。しかし、野球でホームランをたくさん打てる人が、監督も上手にできるとは限りません。求められる能力が異なるからです。技術力が一番高いからマネジメントするとか、営業力が一番高いからマネジメントするというのは、正しい人員配置ではないように思います。

昔のように、（終身雇用や年功序列の仕組みで）社員を囲い込み、上の言うとおりに動くことを求める組織のあり方は、もはや完全に終わりを告げています。社員を囲い込んで

いた「壁」は、他社でもやっていける力を持った優秀な人材にとっては、もはや存在しないようなものです。人材が流動化すると、壁は崩れ、真ん中に立っている「旗」、つまりビジョンやミッション、理念、価値観が魅力的な組織に人が集まるようになります。

しかも昨今は、旗に集まっているのは社員だけではありません。フリーランスの人、業務委託の人、派遣社員の人もいます。どこまでが組織の内側で、どこからが外側なのか、境界はかなり曖昧になってきています。「会社」と呼んでいますが、いっしょに仕事をしているメンバーには、しばしば社員ではない人も含まれているのです。そうすると、ますます旗が重要になります。

アトラエにもフリーランスの人が何人か来ています。彼らはみな、アトラエの掲げる「世界の人々を魅了する会社をつくる」というビジョンに共感してくれて、事業を手伝いたいと言って仲間に加わってくれています。「週2回しか出社できないけど手伝わせてほしい」などと言ってくれた人に手伝ってもらっているのです。

このように組織のオープン化、フラット化が進む中で、マネジメントの役割も変わらざるをえません。マネジメントは「管理」と訳されますが、もはや組織の「壁」がなくなっているなかで、管理・指示・統制しようとするのはナンセンスです。これからのマネジャーには、「管理」ではなく、メンバーが意欲的に働けるように「支援」することが求められます。

また、ビジネスにおける「価値の生み方」も変化してきています。

図はさまざまな仕事で価値を生むための行動を、競争（Compete）、管理（Control）、協働（Collaborate）、創造（Create）の4つの要素で整理したものです[3]。営業マンがライバル企業から顧客を奪う場合のように「競争」によって価値を生み出す仕事もあれば、新商品の開発など「創造」で価値を生む仕事、また「協働」や「管理」によって価値を生み出す仕事もあります。業種や職種によって具体的な内容に違いはあるものの、基本的には、どんな仕事もこの4つの要素で成り立つとされています。

著者の松林がMBAの講座で出会うビジネスパーソンに、日常の仕事がこれら4つにどのように配分されているかを描いてもらうと、多くの場合、「競争」と「管理」の領域に偏った図ができます（図の①のイメージ）。自分の仕事が偏っていることを認識し、このままではいけないと課題感を示す方が少なからずいます。

今日のビジネスでは、「協働」や「創造」の仕事が重要となっています。図の右下に

価値創造の４つの要素

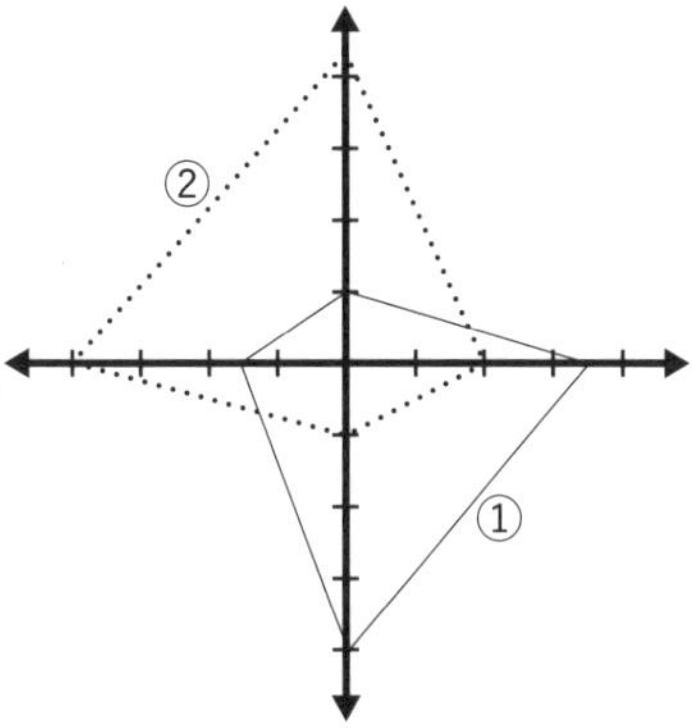

偏っていた状態から、左上の方へと仕事の比重を移していくこと（図の②のイメージ）が求められており、それに合わせてマネジメントも変わっていかなければなりません。

「いっしょにこれを実現しましょう」「力を貸してください」「よろしくお願いします」というスタンスでコミュニケーションをとり、メンバーに気持ちよく動いてもらうことが大切です。メンバーを支援する「サーバントリーダー」や「パートナー」「コラボレーター」が、これからのマネジャーの役割になります。

ムダや遊びを許容し、対話で気持ちをすり合わせる

マネジメントの変化と同様に、ビジネスにおけるコミュニケーションにも変化が求められています。

著者の松林はビジネススクールの講師として大勢のビジネスパーソンと関わるなかで、多くの日本企業で「感情」「個性」「主観」が軽視されているという感覚を抱いてきました。バブル崩壊後の不況の中で従来のMBA的な論理思考が必要以上に持て囃されるようになり、それを重視するあまり、心の領域を置き去りにしがちになってしまったと感じています。

図はグループ内におけるコミュニケーションのモードを、テーマと雰囲気の固さ・柔らかさを軸としたマトリックスで表したものです。ビジネスに直結するテーマを、上下・立場を意識する固い雰囲気で話すのがいわゆる「会議」です。ビジネスに直結しないテーマ

コミュニケーションモードのマトリックス

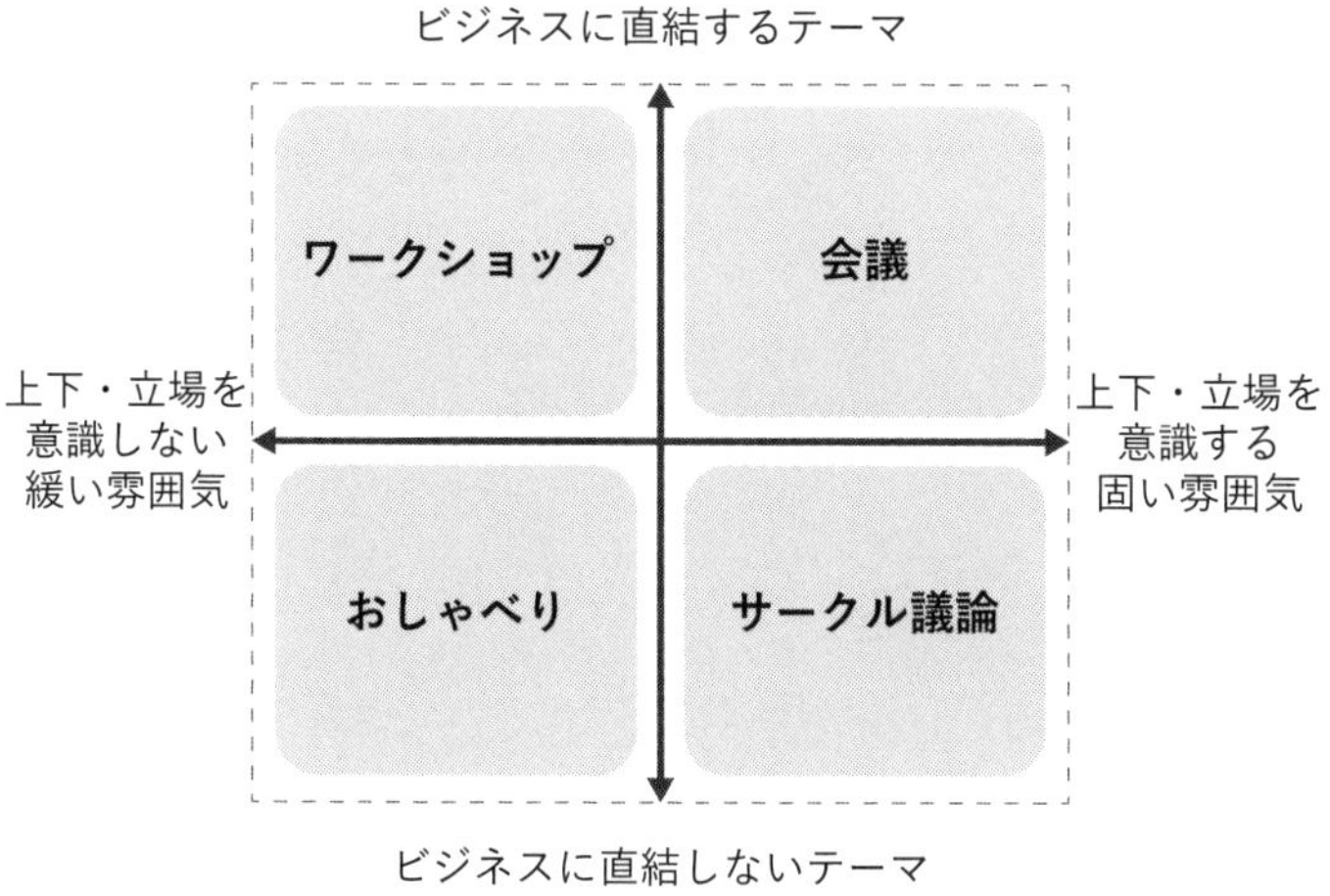

を固い雰囲気で話すのは、趣味のサークルなどでの話し合い。それを緩い雰囲気で話すのは、雑談、おしゃべりです。そして、ビジネスに直結するテーマを上下・立場を意識しない緩い雰囲気で話す領域には、ビジネスのワークショップやブレーンストーミングが該当します。

そして多くの日本企業で不足しているように見えるのが、ビジネスに直結するテーマについて上下・立場を意識しない緩い雰囲気で話し合うコミュニケーションです。固い雰囲気でのコミュニケーションばかりが重視されているように感じます。

たとえば、職場での何気ないおしゃべりや無駄話への許容度が下がり、仕事上の要件をテキパキと伝えて忙しく動き回るのが「がんばっている」と見なされる傾向が強まったのではないでしょうか。無駄話をしているとイライラするような人がいないでしょうか。会議はアジェンダどおり、時間どおりに進んで、脱線せずピシッと時間どおりに終わるのが「良い会議」。そんなイメージがないでしょうか。そのような文化になってきた結果、会議の決定事項に「頭ではわかるけど、心がついていかない」「どうしても腑に落ちない」といった状態に陥ったことがある人も、少なからずいるように思います。まさに、エンゲージメントの低い状態です。

組織のエンゲージメントの観点からは、一見無駄にも思える雑談が、意外に大切なものだったりします。だれもが気持ちよく仕事をしていくためには、ロジックのすり合わせだけでなく、雑談や対話を通した気持ちの擦り合わせも必要です。一般に、対話の頻度が多く、深い対話がなされている組織は、エンゲージメントが高くなります。

アトラエでは、ある意味では、無駄なことがたくさん行われています。会社として、「最短でパフォーマンスを出すこと」を求めてはいないのです。そのため、雑談や無駄話はたくさんありますし、無駄になりえる仕事も許容することは多々あります。

たとえば、あるときＷｅｂデザイナーの社員が、運営しているサイトの細部のデザインを変更したいと言ってきました。かなり細かな変更で、かなりの労力がかかりそうですが、見た目の違いは大きくありません。正直、「変えても変えなくても同じではないか?」という気もしました。変更することで収益が上がるとは思えません。しかしその社員は、デザイナーとしてのこだわりを示し、なぜ変更するべきなのかを真剣に説明しています。そこで変更することに決め、やはり結果に大きな変化は見られませんでしたが、本人は納得のいく仕事ができて嬉しそうでした。無駄をそぎ落とすことよりも、一人ひとりの納得感ややりがいを大切にすることのほうが、価値が高いと考えています。

ですから社内の会議も、必要ならば時間を無視してだらだら続けることがあります。一見無駄に思える時間のなかで、メンバーの気持ちのすり合わせが行われ、時にはそこから良いアイデアが生まれてくることもあるからです。

エンゲージメント重視の経営は、それが組織のパフォーマンスを高めるという点で合理的であると同時に、無駄や遊びを許容し、心の領域をもカバーする人間的なものでもあります。論理と感情、左脳と右脳のバランスをとることができる考え方と言えるでしょう。

AI時代だからこそ、心の領域がますます重要になる

論理と感情の話が出たところで、テクノロジーとの関連について考えてみたいと思います。AIやロボットの普及は、組織経営にどんな影響をもたらすのでしょうか。

論理思考、合理主義的な考え方は、コンサルティングファームなどが駆使し、ビジネス界で大きな影響力を持ってきました。しかし論理や知識の領域は今後、テクノロジーで代替できる範囲が広がっていくと考えられています。AIに代替されるようになれば、論理や知識に基づく仕事の価値は、相対的に下がっていくでしょう。逆に価値が高まるのは、AIにはできない領域の仕事です。心の領域、共感力や関係性をつくる力、身体感覚、美的感覚や人間性がますます重要になるのではないかと思います。

これまでの左脳偏重のビジネス界では、豊富な知識を持ち、論理思考を駆使し、感情に流されず合理的判断のできる人が、優れたビジネスパーソン、優れた経営者として活躍し

てきました。知識が少ない人、論理思考が得意でない人、心が優しい人は、ともすれば弱い立場に置かれがちだったかもしれません。しかし、これからはむしろ、そうした人間性や感受性が強みになっていくのではないかと思います。

たとえば、ビッグデータによって人々の興味関心を分析することはできても、それはすでに顕在化し表現された関心を拾い上げたに過ぎません。まだ存在しないものに対して人々がどんな関心を示すか、本音ではどんなことを考えているか、といったことを探るには、対話を通じて人の本音を聞き出す「デプス・インタビュー」や手足を使ったワークショップなどの手法が求められます。人の気持ちに寄り添うことができる共感性や、対話を通して信頼関係を築く力は、ＡＩに代替されないことをする能力として重要性を増すことになるでしょう。

そもそも、ＡＩやロボットがオペレーションをすべて代替してくれるようになるとして、悲観する理由があるでしょうか。不安になる必要はありません。これまでやってきた仕事をロボットがやってくれるなら、それはよいことで、私たちは空いた時間で人間にしかできないことに取り組めばいいのです。

それに、たとえＡＩやロボットが国中に普及し、仕事のほとんどを代替する時代になったとしても、たとえばミュージシャンは曲を奏で、画家は美しいものを描いているのではないでしょうか。つまり、ロボットが稼いでくれるようになっても、やりがいのある仕事、楽しい仕事であれば、人はやはり働くでしょうし、そこにはロボットにはできない価値が生まれると思うのです。

合理性・効率性だけを追求する視点に立てば、ＡＩで代替できれば人はもはや不要ということになりますが、見方を変えれば、人は稼ぐためだけの仕事から解放され、非合理・非効率でも自分がやりがいを感じる仕事に打ち込めるようになるのではないでしょうか。

ＡＩ・ロボットの普及によって、組織にとっても個人にとっても、エンゲージメントの価値はますます高まることになると考えられます。

楽しく働くことが成果を生み、よい関係が幸せな職場をつくる

組織のオープン化やフラット化、論理思考や合理主義の見直し、ＡＩやロボットの普及。このような潮流のなかで、仕事と「働く」ということ自体の意味もまた、問い直されています。

この十数年で、仕事選びにおいて安定性や待遇だけでなく「やりがい」や「意義」が重視されるようになりました。こうした傾向はますます強まっていくと考えられます。

日本能率協会が行っている新入社員意識調査（２０１８年度）では、生活費を得ること以外の働く目的は何かという問いに対して、「仕事を通じてやりがいや充実感を得ること」という回答が最多で、全体の４割にのぼっています。[4] エン・ジャパンが正社員勤務を希望する女性に対して行った調査では、回答者の78％が転職活動において「仕事のやりがいを重視する」と回答しています。[5]

また、仕事の「楽しさ」も重視されるようになっているように思います。

昔は、仕事は楽しむものではない、というイメージがあり、楽しんでいるとサボっていると見なされ、たしなめられるような感覚が一般的だったと思います。仕事は自分を抑えてコツコツ努力するもので、遊びではないのだ、という感覚です。

しかし現在では、「楽しく働けること」が、成果を生む上でも大切になっています。クリエイティブな仕事は多くの場合、楽しむ中から生まれます。特にサービスビジネスにおいては、従業員がその仕事を楽しんでいるかどうかが、サービスの質に影響をもたらします。

日本では「お客様は神様」という考え方があり、それが高品質のサービスにつながった面もあるとは思いますが、一方では、顧客の理不尽な要求にも応えなければならないなど、従業員のやりがいや幸福を犠牲にしてしまう面もあったかもしれません。単純に「お客様は神様」とするのではなく、顧客に良いサービスをするためにも従業員の幸せを大切にするという意識へと変わっていく必要があります。

ハーバード大学の研究者らが、75年にわたる追跡調査によって、人の幸福と健康の要因を探った研究があります。この「ハーバード成人発達研究」の4代目のディレクター、ロバート・ウォールディンガー博士は、研究の結論として、よい人間関係が幸せと健康を高めると述べています(6)。興味深いのは、人々に「最も大切な人生の目的は何か」といった問いを投げかけると、その時点では「富を得ること」などが挙げられるものの、長年にわたって調査すると、富や名声よりも人との関係性こそが幸福感を決定づけているとわかったということです。

仕事において何を重視するかという問いについても、その時点では収入や安定性を求める人が多いかもしれません。しかし中長期的に幸せな職業生活を送るうえでは、人間関係の質こそが最も重要なのではないでしょうか。ハーバードの研究はそう示唆しています。

社員がやりがいを感じ、自らの意志で、責任をもって仕事に取り組める。そのような状態をつくりだせるかどうかが、企業の将来性を決定づける要因になっていくでしょう。

邪悪になるな——これからのリーダーの条件

近年、グーグルをはじめシリコンバレーのＩＴ企業を中心に、チーフ・ハピネス・オフィサー（ＣＨＯ）という役職を置く例が増えています。従業員が幸せに働ける職場をつくるため、幸福度の調査や組織改善に取り組む役割です。

ＣＨＯは、エンゲージメントを高める役割と言ってもよいでしょう。ＣＥＯは「チーフ・エグゼクティブ・オフィサー」ですが、これからは「チーフ・エンゲージメント・オフィサー」としてのＣＥＯも必要かもしれません。エンゲージメントは経営課題であり、全社的観点から取り組むべきものだからです。

組織のオープン化に加えて、ソーシャルメディアの普及などを背景に、社内と社外の境界や情報格差は小さくなっています。マーケティングの文脈でいえば、かつては、社外マーケティング（顧客とのコミュニケーション）は営業部やマーケティング部が担当し、社内マーケティング（経営側と従業員のコミュニケーション）は主として人事部が担当してきました。しかし今日では社内・社外の違いが薄れています。以前のように、ブランド力さえあればモノが売れていた時代ではなく、顧客とのエンゲージメントが大切な時代となっています。顧客エンゲージメントを高めるには従業員エンゲージメントが高くなければなりません。

そのためには人事とマーケティングの垣根をなくしていく必要があります。マーケティングといえばマス・プロモーション、人事といえば採用や評価、といった固定観念にとらわれない視点を持つ必要があります。社内・社外のコミュニケーションの整合性をとり、統合的に取り組むことが求められるのです。それを担うチーフ・エンゲージメント・オフィサーやチーフ・ハピネス・オフィサーのような役職が、これから日本企業でも導入されていくのではないでしょうか。

マイクロソフトでは、２０１４年にＣＥＯに就任したサティア・ナデラが「コンパッション（思いやり）」や「エンパシー（共感）」を重視した経営を行っていると公言しています。「私たちは、満たされていない、明確にされていない顧客ニーズに応えるビジネスを展開している。深い共感力、つまり他者の視点を持つ力なしには、この目的を果たし続けることはできない」と語るナデラCEOは、自らを「チーフ・エンパシー・オフィサー」と称しています。(7) 世界最大規模の巨大企業のトップがこのように語るほど、リーダーシップや経営のパラダイムは大きく変化しているのです。

これからのビジネス界では、エンゲージメントを高められる人がリーダーになっていくでしょう。チーフ・エンゲージメント・オフィサーになる人や、マネジャーやチームリーダーとして同様の役割を担う人には、どのような資質が求められるのでしょうか。

エンゲージメントを高められる人に共通する資質としては、次のようなものが考えられます。

・ビジョナリーであること。
・深い対話ができるコミュニケーション力。
・人間関係・信頼関係を築く力。

エンゲージメントは心の領域に関わるものです。その向上に取り組む人には、人としての「器」と呼ばれるものや、いわゆる人間性が、とても大切だと言えるでしょう。

グーグルの社内で昔よく使われた、「Don't Be Evil（邪悪になるな）」という言葉があります。目先の結果や自分だけの成果にとらわれたり、他人を出し抜こうとしたり、顧客をだまして儲けを増やそうとしたりするような「邪悪」に陥らないこと。どんなことがあっても邪悪にならない、当たり前の良心を保てる人が、エンゲージメントを高めるリーダーになれる人だと思います。

組織やチームを変える鍵——メンバー自身で始めよう

ここまで読んできたあなたには、エンゲージメントの重要性、エンゲージメントを高める組織をつくる必要性が十分におわかりいただけたと思います。さまざまな会社の事例から、具体的施策のヒントもお伝えしてきました。

ただし、繰り返しになりますが、組織改善はその組織やチームのメンバーが自ら考え、答えを見出していくべきものです。本書に載っていた事例をそのまま模倣するのではなく、自分たちに合ったやり方は何かを話し合って、行動につなげていただけると嬉しく思います。

第一歩として、まずは仕事の仲間とエンゲージメントについて話すこと、そして自社あるいは自分の属するチームのエンゲージメントを測定してみることをおすすめします。ギャラップのQ12でも、eNPSでも、独自のアンケートでもいいでしょう。トライアルでｗｅｖｏｘを試してくださってもいいでしょう。何らかのやり方でエンゲージメントを測定してみて、どんな課題があるのか、どんな取り組みをするとよさそうか、メンバー間で対話することから変化を起こしていけるはずです。

その過程で、本書で紹介した事例なども参考にしていただければと思います。ｗｅｖｏｘのメディア「ＤＩＯ」では他にも多くの実践事例が掲載され、日々追加されていますので、そちらもご覧いただければ幸いです。

ぜひ自分たちで、試行錯誤しながら、自社に合った組織改善の道を見つけてください。

NOTE

（1）「カーリング娘の会話術がこんなにも深い理由」東洋経済オンライン
（2）株式会社アトラエ　２０１８年8月21日プレスリリース「青山学院大学との産学共同研究を開始」
（3）アンジャン・Ｖ・セイカー『バリュー・クリエーター』（松林博文訳、ダイヤモンド社、２００１年）を元に作成
（4）https://www.sankeibiz.jp/business/news/180412/prl1804121302070-n1.htm)
（5）https://corp.en-japan.com/newsrelease/2018/13263.html)
（6）Robert Waldinger: What makes a good life? Lessons from the longest study on happiness, TED, https://www.ted.com/talks/robert_waldinger_what_makes_a_good_life_lessons_from_the_longest_study_on_happiness
（7）フォーブスジャパン、２０１８年3月8日　https://forbesjapan.com/articles/detail/20069

おわりに

さまざまなご縁が重なり合うことで本書をアトラエ代表の新居さんとの共著で英治出版から世に出すことができ、本当に嬉しく思っています。アトラエはエンゲージメントの測定を日本で最も早く実施し、そして最も多くの導入実績を持っておられます。その経験から得られた豊富な知見とノウハウを本書で共有していただきました。

エンゲージメントはこの数年、私自身の興味と研究、そして実践の対象でした。１９９０年代半ばに米国ミシガン大学でマーケティングと企業戦略をダブルメジャーし、その後国内のグロービス経営大学院でもマーケティング、イノベーション、企業戦略を中心に研究、講義を担当してきました。近年は、国内外企業の製品開発も含めた事業開発、組織開発、人材開発のお手伝いをしながら、さまざまな先進的企業の戦略や取り組みをリサーチしてきました。そんな私がなぜ「エンゲージメント」という概念に興味を持つことになったのか、３つの潮流（必然）についてお話しさせてください。

①マーケティング　サービスビジネス（マーケティングの潮流）

今から約5年前、グロービスの出版部門の依頼により『実況マーケティング教室』（PHP研究所、２０１３年）を執筆、出版させていただきました。その際、世界のマーケティング先進企業についてリサーチする中で気づいたことがあります。グローバルで好業績をあげている企業は、既存の３C分析（市場、競合、自社）から新しい３C分析（コミュニケーション、コミュニティ、コラボレーション）に移行してきているということです。前者は相手と市場を奪い合って成長する「競争的３C」ですが、後者は市場と対話しながら（エンゲージしながら）市場を創造していくため、私はこれを「共創的３C」と名付けました。

ソーシャルメディアが世の中に浸透し「顧客エンゲージメント」という言葉が使われるようになりました。「いいね！」やリツイートの数などで顧客との「関わり合い（頻度や密度）」が定量的に分析できるようになってきたのです。これまでのマスメディア主体のプロモーションから、より「顧客と継続的に関わり合いながら成長し」、その結果として商品やサービスが売れる、という流れになりました。さらに特に先進国においては、経済がモノからコト、プロダクトからサービスへと変化するにつれて「顧客への良好な経験価値の提供」がビジネスにおける成功要因になってきました。「顧客エンゲージメント」を向上させるには、「鏡面効果」に象徴されるように「社員エンゲージメント」の向上が必須です。今後はマーケティングの領域においても、販売額やシェアだけではなく自らの社員のエンゲージメント向上がKPIになっていく可能性があります。

②戦略、組織形態、イノベーション（経営戦略の潮流）

1990年代半ば、私は世界でどのような経営が行われているかに興味を持ち、経営学とマーケティングに強いミシガン大学に自費留学しました。そこで大きく影響を受けたのが『コア・コンピタンス経営』の著者C・K・プラハラード、『経営の未来』の著者ゲイリー・ハメル、そして『BOPビジネス　市場共創の戦略』の著者スチュアート・ハートです。彼らが共通して説いていたことは「既存の組織形態やマネジメントスタイルでは市場の急激な変化についていけない」「未来の経営のスタイルはインターネットに学ぶべきだ」「組織はよりフラットでオープンであるべきだ」「企業が市場と全力でコラボレーションするべき時代だ」ということです。当時は彼らの主張をラディカルだと思う人も多かったのですが、現在は彼らの「予言」が的中したと個人的には感じています。

特に現代のグローバルな優良企業は、２００８年のリーマンショック以前と以降では、戦略の舵取りが大きく変わってきました。前著の『実況マーケティング教室』の中でもいくつか紹介させていただきましたが、Ｐ＆Ｇは「Ｒ＆Ｄ」を「Ｃ＆Ｄ」（コネクト＆ディベロップ）へと進化させています。自社だけではなく周囲のさまざまな関係者と共に製品開発から販売まで行っていく「共創モード」にシフトしたのです。顧客を「リサーチ対象」にするのではなく「共創パートナー」として迎え入れ、共にビジネスを行うようにもなっています。ユニリーバ、スターバックス、ゴディバなども同様に共創モデルにシフトしました。

古典的・直線的なバリューチェーンでは、営業やカスタマーサービスといった限られた部門が直接顧客と関わり合って（エンゲージして）きましたが、今後はより上流の研究開発などの部門を含めた全ての社員がダイレクトに顧客とエンゲージする時代になっていくでしょう。

イノベーションのプロセスにおいては、ブレーン・ストーミングに代表される「拡散思考」「混合思考」を促すコミュニケーションが必須となりますが、それが機能するためには参加者同士がエンゲージされていることが前提として必要です。メンバーが十分にエンゲージされていなければアイデアもあまり出ず、たとえ出てきてもそのアイデアを具現化して世に送り出すことは難しくなります。極端に言えば、日本企業のイノベーション力が低下し続けてきたのは、従業員エンゲージメントが低下し続けてきたことの結果と考えられます。

③ハピネス、働き方改革（組織、人材開発の潮流）

ビジネススクールやコンサルティングファームの活躍により、この30年ほどの間に世界標準のビジネスフレームワークや物事の考え方が日本に紹介され、大企業を中心に普及しました。ビジネスの枠組みを理解して論理的に考えることのできるビジネスパーソンは増加しました。しかし残念なことに平成の30年間、日本企業は世界経済から取り残されてしまいました。たとえば、世界の企業の時価総額ランキングで平成元年は上位50社中32社が日本企業だったのに対し、平成30年にはトヨタ1社という状況になっています（『週刊ダイヤモンド』２０１８年８月25日号より）。経済的指標においてグローバルレベルで変化・進化できていないのが日本企業の実情です。

一方、成長を（経済的）指数だけで測る時代ではない、ＧＮＰ（国民総生産）ではなくＧＮＨ（国民総幸福）で見ようという議論もあります。私もこれからの時代は経済的指標だけではなく心理的指標がより重要になるべきだと考えています。

では、心理的な指標では日本はどんな状況にあるのでしょうか。調べてみると、残念なことに、国連が実施する世界幸福度ランキングでは156ヶ国中54位（2018年）、エデルマン・トラスト・バロメーターの「雇用主への信頼度ランキング」では72ヶ国中57位（2018年）と、先進国の中では最下位レベルとなっています。

このような状況の中で近年、叫ばれているのが「働き方改革」ですが、「時短」などの量的側面ばかりが注目され、「エンゲージメント」「幸福」「信頼」などの質的向上についてはまだまだ手付かずの状況といえます。

ようやくこの数年、慶應義塾大学大学院の前野隆司教授が中心となり、「幸福学」という切り口で「幸せに働くこと」の意義を世に広められるようになってきました。

経済が製品、サービス、そして（よりよい）経験価値の提供へと進化していくなかで、エンゲージメント向上はますます重要になってきます。

現状では、働き方改革などの影響で残業ができなくなり、ちょっとした会話やブレスト（拡散思考、混合思考）がやりにくくなった、という話がよく聞かれますが、これでは本末転倒です。適度なブレストを行うことは自己理解と他者理解を促進させ、共感とエンゲージメントを高める効果もあるのです。

２０１４年にマイクロソフトのＣＥＯになったサティア・ナデラは「共感」こそ自社復活のキーであると唱え、自ら「チーフ・エンパシー・オフィサー」、共感最高責任者であると公言しています。エンゲージメントの高い会社として知られるザッポスは、社員や顧客の幸福度を高めるハピネスデリバリー社というコンサルティングファームのサポートを受けてきました。私はこれらの企業に直接的・間接的に関わるなかで、彼らが本気で「幸福」「共感」の向上に取り組んでいることを肌感覚として理解できました。

これからの人事の役割も、人を管理するという「機械的視点」から、社員をパートナーとして見てどのように互いに共感し合い、未来を共創していけるのかを念頭に、よりよい環境を提供する「生命的視点」へと変わっていくでしょう。

現在のエンゲージメントの概念はまだ完璧とは言えないものの、これまで見えなかった個人と組織を含めたさまざまな関係性を可視化し、そして改善する上で、さらに重要な指標になっていくことは間違いありません。

以上の３つの潮流（必然）に加えて、次の２つのご縁（偶然）によって、本書を世に出すことができました。

１つ目のご縁は、ｗｅｖｏｘとそのサービスを提供するアトラエとの出会いです。エンゲージメント測定に関して国内マーケットをリサーチしたときにｗｅｖｏｘ（当時はβ版）に出会いました。スマホのインターフェースもすばらしく、管理しやすい設計で、とてもリーズナブルな価格設定でした。現在私はミラクリエイションを通じてパートナーとして、企業におけるｗｅｖｏｘの導入や運用のお手伝いをさせていただいています。

アトラエは新居代表を中心に「世界中の人々を魅了する会社を創る」をビジョンのもと創業されました。アトラエでは事業を成長させることだけではなく、社員の一人ひとりを「個」として尊重し、関わる人たちの「時間」と「幸福」を尊重する未来型経営を実践している、現在最も注目されている組織です。今回の出版に関しては、新居さんだけではなくｗｅｖｏｘを世に広められている湊健二さん、森山雄貴さん、新家康之さんにも多大なご協力をいただきました。

そして２つ目は英治出版とのご縁です。英治出版は「誰かの夢を応援すると、自分の夢が前進する」を理念に掲げ、社員のほとんどが異業種出身というとてもユニークな出版社です。高野達成編集長、原田英治代表、そして英治出版のみなさんがこの「エンゲージメント」の考え方に共感し応援してくれたおかげで世に出すことができました。

経営において「変わるもの」と「変わらぬもの」、「変えるべきもの」と「変えないでおくべきもの」の見極めはとても大切です。人工知能、ＩｏＴ、ブロックチェーンなどの技術革新によって、私たちを取り囲む環境はこれからも急変していくことでしょう。しかし「変わっていくもの」ばかりに目を向けるのではなく、これからも「変わらずに大切なもの」にも目を向けましょう。そしてエンゲージメントは、いつの時代も変わらず大切な要素であり続けるでしょう。

最後になりましたが、本書の発売を心から応援しサポートしてくれたミラクリエイションの北川賢司さん、下村勝光さん、そしてグロービス、ジョンソン、FBAA（日本ファミリービジネスアドバイザー協会）、ミシガン大学の仲間たちにも心から感謝いたします。

エンゲージメントに関して何かご質問やご意見などございましたら、左記のアドレスにどうぞお気軽にご連絡ください。本書をきっかけにエンゲージメント向上を経営課題とし、日々本気でその課題に取り組んでいく日本企業が少しでも増えることを願っています。

松林 博文

グロービス経営大学院講師
マーケティング3・0総合研究所所長
mb@hi6.com, hmatsuba@globis.co.jp
https://www.facebook.com/matsubayashi.hirofumi/

［著者］

新居 佳英
Yoshihide Arai
株式会社アトラエ 代表取締役 CEO

上智大学理工学部を卒業後、1998 年より黎明期のインテリジェンス（現パーソルキャリア）に新卒入社。2000 年には戦略子会社インサイトパートナーズを立ち上げ、同社代表取締役社長に就任。その後、2003 年 10 月にアトラエを設立。IT/Web 業界に強い成功報酬型求人メディア「Green」、機械学習を活用したビジネスパーソン向けのマッチングアプリ「yenta」、組織におけるエンゲージメントを定量的に可視化することで組織改善を可能とする SaaS ツール「wevox」を展開。創業以来「意欲ある社員が無駄なストレスなく働ける組織作り」を徹底し続け、2016 年には東証マザーズへ上場、2018 年には東証一部への市場変更を実現する。
https://atrae.co.jp/

松林 博文
Hirofumi Matsubayashi
グロービス経営大学院講師

海外営業を経てミシガン大学 MBA 修了後、ジョンソンで中長期戦略立案、マーケティングを担当。日本ファミリービジネスアドバイザー協会（FBAA）特別執行役員。個の創造性発揮、次世代型組織デザイン開発をライフワークとする。 著書、共著書に『［実況］マーケティング教室』（PHP 研究所）、『クリエイティブ・シンキング』『グロービス MBA マーケティング』（以上、ダイヤモンド社）、『MBA 経営キーコンセプト』（産能大学出版部）、『ビジネスに出る英単語』（講談社）、翻訳書にアンジャン・V. セイカー『バリュー・クリエーター』、ジェリー・ワイズマン『パワー・プレゼンテーション』（ダイヤモンド社）などがある。趣味はサーフィン＆ワイン＆トロピカルアート。

［英治出版からのお知らせ］

本書に関するご意見・ご感想を E-mail（editor@eijipress.co.jp）で受け付けています。また、英治出版ではメールマガジン、ブログ、ツイッターなどで新刊情報やイベント情報を配信しております。ぜひ一度、アクセスしてみてください。

メールマガジン：会員登録はホームページにて
ブログ　　　　：www.eijipress.co.jp/blog
ツイッター ID ：@eijipress
フェイスブック：www.facebook.com/eijipress
Web メディア ：eijionline.com

組織の未来はエンゲージメントで決まる

発行日　2018 年 11 月 10 日　第 1 版　第 1 刷

著者　新居佳英（あらい・よしひで）、松林博文（まつばやし・ひろふみ）

発行人　原田英治
発行　英治出版株式会社
〒150-0022 東京都渋谷区恵比寿南 1-9-12 ピトレスクビル 4F
電話　03-5773-0193　FAX　03-5773-0194
http://www.eijipress.co.jp/
プロデューサー　高野達成
スタッフ　藤竹賢一郎　山下智也　鈴木美穂　下田理　田中三枝
安村侑希子　平野貴裕　上村悠也　山本有子
渡邉吏佐子　中西さおり　関紀子　瀧口大河
印刷・製本　中央精版印刷株式会社
校正　小林伸子
装丁　英治出版デザイン室

ISBN978-4-86276-266-5　C0034　Printed in Japan

ティール組織　マネジメントの常識を覆す次世代型組織の出現

フレデリック・ラルー著　鈴木立哉訳　本体 2,500 円

上下関係も、売上目標も、予算もない！？　従来のアプローチの限界を突破し、圧倒的な成果をあげる組織が世界中で現れている。膨大な事例研究から導かれた新たな経営手法の秘密とは。12 カ国語に訳された新しい時代の経営論、ついに日本上陸。

プラットフォーム革命　経済を支配するビジネスモデルはどう機能し、どう作られるのか

アレックス・モザド、ニコラス・L・ジョンソン著　藤原朝子訳　本体 1,900 円

Facebook、アリババ、Airbnb……人をつなぎ、取引を仲介し、市場を創り出すプラットフォーム企業はなぜ爆発的に成長するのか。あらゆる業界に広がる新たな経済原理を解明し、成功への指針と次なる機会の探し方、デジタルエコノミーの未来を提示する。

人を助けるとはどういうことか　本当の「協力関係」をつくる7つの原則

エドガー・H・シャイン著　金井壽宏監訳　金井真弓訳　本体 1,900 円

どうすれば本当の意味で人の役に立てるのか？　職場でも家庭でも、善意の行動が望ましくない結果を生むことは少なくない。押し付けではない真の支援をするには何が必要なのか。組織心理学の大家が、身近な事例をあげながら協力関係の原則をわかりやすく提示。

サーチ・インサイド・ユアセルフ　仕事と人生を飛躍させるグーグルのマインドフルネス実践法

チャディー・メン・タン著　マインドフルリーダーシップインスティテュート監訳、柴田裕之訳　本体 1,900 円

Google の人材はこの研修で成長する！――自己認識力、創造性、人間関係力などを大きく伸ばす、Google で大人気の能力開発プログラムを大公開。ビジネスパーソンのためのマインドフルネス実践バイブル。

なぜ人と組織は変われないのか　ハーバード流 自己変革の理論と実践

ロバート・キーガン、リサ・ラスコウ・レイヒー著　池村千秋訳　本体 2,500 円

変わる必要性を認識していても 85％の人が行動すら起こさない――？　「変わりたくても変われない」という心理的なジレンマの深層を掘り起こす「免疫マップ」を使った、個人と組織の変革手法をわかりやすく解説。

なぜ弱さを見せあえる組織が強いのか　すべての人が自己変革に取り組む「発達指向型組織」をつくる

ロバート・キーガン、リサ・ラスコウ・レイヒー著　中土井僚監訳、池村千秋訳　本体 2,500 円

ほとんどのビジネスパーソンが「自分の弱さを隠す仕事」に多大な労力を費やしている――。ハーバードの発達心理学と教育学の権威が見出した、激しい変化に適応し、成長し続ける組織の原則とは。自己変革のバイブル『なぜ人と組織は変われないのか』著者最新刊。